Was erzählen nie geschriebene Bücher über ihre Autoren, über ihr nicht gelebtes Buchleben?

Im Jahr 1923 startete die Bauhaus-Buchreihe als ambitioniertes Projekt und grandiose Marketingkampagne. In mehr als 50 Publikationen sollten unter dem Label „Bauhaus" die großen Themen und Fragen der Moderne von international renommierten Autoren - und einer Autorin - behandelt werden. Lediglich 14 wurden schließlich publiziert.

Die folgenden Szenen sind den geplanten, aber nie erschienenen Büchern gewidmet. In ihnen unterhält sich je ein ungeschriebenes Bauhaus-Buch mit einem Objekt oder einer Idee aus dem Buch.

What do books that were never written tell us about their authors, about the book-lives they never lived?

The Bauhaus book series was started in 1923 as an ambitious project and grandiose marketing campaign. The big issues and questions of Modernism were supposed to be dealt with by internationally renowned authors - including one female author - in more than 50 publications. In the end, only 14 of them were published.

The following sequences are dedicated to the never-published books. In each of the scenes, one unwritten Bauhaus book has a conversation with an object or an idea from within the book.

Olaf Nicolai

SILENT PARTNERS

DIE GESCHICHTEN UNGESCHRIEBENER BÜCHER

Episode 1
DER GROSSE AUFTRITT

Wassily Kandinskys „Violett.
Ein Bühnenstück mit Einleitung und Szenerie“ (Buch #24)
trifft die „Bauhausbühne“

[English subtitles pp. 9-12]

V I O L E T T

Guten Tag, mein Name ist Violett. Ich glaube, wir sind uns noch nicht vorgestellt worden, oder?

B Ü H N E

Violett, freut mich. Ich bin die Bühne im Bauhaus, die Bauhausbühne.

V I O L E T T

Sie haben bestimmt schon von mir gehört, oder? Du kennst bestimmt meinen Namen.

B Ü H N E

Violett, sagten sie? Violett ... Violett, violett. Nein, tut mir leid. Aber mein Namensgedächtnis ist totaler Schrott. Ich merk mir eher Bilder, und Bewegungen. Namen konnte ich mir einfach noch nie merken, und Text auch nicht.

V I O L E T T

Wirklich ... Okay. Schade, sehr schade. Ich war mir eigentlich sicher, dass du von mir gehört hast. Violett - ein romantisches Bühnenstück? Von Wassily? Wassily Kandinsky? Kandinsky, nein? Sicher?

B Ü H N E

Violett?

V I O L E T T

Typisch. Alles klar. Hätte ich mir denken können. Also, mein Name ist Violett, ich bin eine Bühnenkomposition.

B Ü H N E

Bauhausbühne.

V I O L E T T

Ich bin ja auch ein bisschen älter als du. Hugo Ball, ja? Hugo Ball, bosso fataka, blago bung, der alte Karawanentreiber? Nee? Hugo Ball wollte mich jedenfalls groß rausbringen. München, Kammerspiele, Neuer Verein.

B Ü H N E

München - da kenn ich mich ja gar nicht so aus. Aber da wollte ich immer mal hin und ...

V I O L E T T

Meine Inszenierung! Alles lief wunderbar! Wassily schrieb; wir probten die Gesänge, das Licht. Das war 1914, damals hieß ich noch „Der violette Vorhang". Dann kam der Krieg. Vorbei mit Theater, vorbei mit Violett. Scheiße.

Ich hätte berühmt werden können. Dann hätten wir uns vielleicht auch kennengelernt. In Dessau zum Beispiel. Da haben sie ein Porträt von mir anfertigen lassen, das haben sie rausgebracht, in der Bauhauszeitschrift 1927. Da haben die so einen kleinen Teil von mir abgedruckt.

Die Szene beginnt im Dunkeln: Frauen-, Männer- und Kinderstimmen singen von Wasser, und von Booten, von Bäumen. Von Farben, vom Tiefblauen, vom Dunkelgrünen, vom Dunkelblauen, vom Dunkelvioletten. Violett ist mein Name. Erinnerst du dich?

B Ü H N E

Violett, ja klar.

V I O L E T T

Ja. Weißt du, wenn Wassily an mich dachte - dann hat er mich verstanden. Er hat mich wirklich gesehen. Er hat verstanden, was mich ausmacht. Er konnte mich nicht nur sehen, er konnte mich hören, schmecken, fühlen. Der hat mich richtig gespürt. Ich ihn auch. „Morbide" nannte er mich auch. „Unheilschwanger". Du weißt schon, was er gemeint hat, oder? Und mit Recht! Ich hab nie das Licht der Bühne gesehen. Kannst du dich jetzt erinnern?

B Ü H N E

Violett, jaja.

V I O L E T T

Naja, Wassily hat mich jedenfalls für die Kammerspiele geschrieben. Man, Bühne. Das wäre so wunderschön geworden. Jeden Morgen, wenn ich im Bett aufwache, denke ich daran, wie schön das gewesen wäre, in München. Wenn die Proben begonnen hätten. Da komme ich nicht drüber hinweg. Zwischen zwei violetten Vorhängen, ganz schwer, schwerer violetter Samt. Die waren auch viel zu groß, ja. Immer ein bisschen zu groß, und den Schauspielern im Weg. Die Vorhänge waren ja auch das, worum es ging! Weiß nicht: Schauspieler, was soll man denn damit anfangen? Alle austauschbar.

B Ü H N E

Ja, Schauspieler, was soll man damit anfangen? Das ist doch eine gute Frage. Also wirklich, Schauspieler, da platzt mir der Kragen. Die sind alle eitel.

V I O L E T T

Hysteriker!

B Ü H N E

Die sind alle Psychopathen, ja? Total zynisch. Und dann immer so Diven.

V I O L E T T

Also weißt du, in meinem Präludium gibt's überhaupt gar keine Schauspieler. Bei mir wird gar nicht gesprochen.

B Ü H N E

Das ist doch mal eine Lösung.

V I O L E T T

Bühne, ich zeig dir mal was. Schließ mal die Augen: Vorhang auf.

Inmitten der Bühne, der quadratförmigen Bühne, ein großer roter Kreis.

In der Mitte des Kreises ein violetter kleiner Kreis, der langsam wächst und endlich den roten Kreis vollkommen deckt.

Der Rote Kreis wird allmählich kleiner, so dass ein blauer Rand entsteht. Langsam zieht sich das Rot zusammen. Es verschwindet und der große Kreis ist blau.

Es wird plötzlich dunkel.

Egal ... Das Stück sah ja nie das Licht der Bühne.

B Ü H N E

Doch, doch, doch, doch, ich erinnere mich! Na klar, Kandinsky, und Moholy und ich.

V I O L E T T

Du weißt doch gar nicht, wer Kandinsky ist!

B Ü H N E

Doch, doch, doch, wir sprachen über ein Stück - es ging nur um Formen, Farbformen und Farben. Ja! Kollektive Geräusche, aber kein Individuum. Es ging um keine Charaktere, es ging um ... Geräusche waren da, und Farben, und Stadtgeräusche, und Flugzeuggeräusche, metallene Geräusche. Gewalttätig, aggressiv, ja! Obertongeräusche, Untertongeräusche, wrrrrrrm, also Straßengeräusche und bfffffffww.

V I O L E T T

Ich zitiere mal aus dem Stück.

B Ü H N E

Es gab auch Chöre. Aber, aber ...

V I O L E T T

... schaut nicht auf das boot und nicht auf den menschen im boot und auch nicht auf die ... ruder. schaut auf den kleinen wasserberg, der aus dem wasser vom ruderschlag geboren ist. bloß auf den kleinen wasserberg ist das schauen nötig: welche seiten und rippen er hat - besonders rippen sind wichtig! auf rippen und seiten sind rinnen, die die rippen und seiten hinaufklettern es ist wichtig zu sehen ...

B Ü H N E

Violett?

V I O L E T T

Ja?

B Ü H N E

Kennst du Lily Klee? Lily Klee hatte mal so eine Geschichte über Kandinsky. Sie hat für Kandinsky Polenta gekocht und Kandinsky hat einen Brief an sie geschrieben und sich bedankt für das Essen. Aber er hat nicht geschrieben - Lily, vielen Dank für die Polenta. Stattdessen hat er einen Brief geschrieben über die Polenta. Polenta als synästhetischer Genuss. Über das

Gelb der Polenta. Den Geschmack. Und der Geruch war auch gelb. Und sogar für das Ohr. Er sagte so etwas wie: für das Ohr ist Polenta wie eine Flöte. Sanft, gedämpft, aber energetisch. Und dass Lilys Polenta rosa Töne hatte. Rosa Töne im Gelb von Lilys Polenta.

V I O L E T T

Wassily sagte ja auch immer: Es gibt immer ein „Und".

B Ü H N E

Violett, dreh dich mal um. Dreh dich mal weiter. Im Kreis, ja.

Wenn es dir nichts ausmacht, breite mal die Arme aus. Zum Horizont, genau. Und heb das Bein.

V I O L E T T

Welches denn?

B Ü H N E

Das linke Bein! Es fehlt noch was ... Das Bein heben! Vertraust du mir?

V I O L E T T

Ja ...

B Ü H N E

Ich stütze dich. Lehn dich mal zurück. Ich halte dich! Und jetzt rotieren - mit den Armen und Beinen. Das wird was.

Prampolini hätte damit seinen Spaß, der könnte was damit anfangen. Das ist nämlich polydynamisch! Also ästhetisch reißen wir den Raum auf. Pfeile stürzen auf uns hinab. Und Farbgitter, die ganze Palette, hoch und runter und auf und ab!

V I O L E T T

Aua.

B Ü H N E

Menschmechanik. Menschmechanik!

V I O L E T T

Menschmechanik.

B Ü H N E

Violett, ich lese das kurz:

In dem Plan eines solchen Theaters können NICHT die herkömmlich-sinnvollen, kausalen Bindungen die Hauptrolle spielen. In der Betrachtung der Bühnengestaltung als KUNSTWERK muss man von der Auffassungsweise der bildenden Künstler lernen:

Wie es unmöglich ist zu fragen, was ein Mensch (als Organismus) bedeutet oder darstellt, so ist es unzulässig, bei einem heutigen, ungegenständlichen Bilde, da es eine Gestaltung, also auch ein vollkommener Organismus ist, ähnlich zu fragen.

Das ist mein Credo. Meine Bauhausbibel. Moholy-Nagy, Schlemmer, Molnár. 1924 geschrieben, aber erst 1925

erschienen, bei Albert Langen. Für László war das Varieté das Theater der Zukunft: Varieté, Clownerie und Zirkus als Ausschaltung des Subjektiven, als Abschaffung des Individuums, dynamisch-rhythmische Gestaltung in gedrängter Form. Violett, verstehst du? Violett, forme einen Kreis. Und gib mir mal deine Arme. Mechanische Exzentrik! Weg mit den Worten, verstehst du, weg mit den Worten! Away with words.

V I O L E T T

Ja genau, away with words.

B Ü H N E

Away with words. Away with words. Away with words. Weg mit den Worten.

V I O L E T T

Ja, away with words, weg mit den Worten.

B Ü H N E

Weg mit den Menschen ... Violett. Und weg war die Bühne. Und weg waren wir. Der Krieg kam zurück und wir mussten gehen. Und wir sind gegangen. Über den großen Teich sind wir gegangen. Du sprachst doch eben davon - man soll nicht auf das Boot schauen, und nicht auf die Menschen im Boot. Also schauten wir zum Horizont und zur neuen Welt. And we started to speak like Americans, Violet. László, Walter, Josef und Anni, Xanti Schawinsky, unter dessen Leitung ich in Dessau aufgebaut wurde. Der hat mich mitgenommen nach North Carolina, und wurde zu Xanti Schawinsky. Oskar blieb Oskar, weil er nicht mit nach America gekommen ist, der blieb. Obwohl es ihm sicher gefallen hätte in America. Und er hat es natürlich nicht überlebt. '43 ist er gestorben. Herzlähmung, heißt es. Lähmung, Lähmung.

V I O L E T T

Wassily und ich sind nach Paris gegangen. Ich wäre auch nach America gekommen. Ich hätte vielleicht Violet geheißen, amerikanisch.

B Ü H N E

Oder Purple. Purple Haze, darling! Ich glaube, es hätte dir gefallen bei uns. Xanti hätte dich inszenieren können, am Black Mountain College. Oder vielleicht wärst du nach Westen gegangen. A musical, maybe!

V I O L E T T

Und wir hätten uns in alle Ewigkeit streiten können.

B Ü H N E

Wir hätten uns super streiten können.

V I O L E T T

Ist ein Dreieck gelb?

B Ü H N E

Ist gelb!

V I O L E T T

Oder rot? Oder blau? Ist ein Quadrat männlich, oder abstrakt? Ist ein Kreis konkret, oder weiblich? Das wäre total spannend gewesen, mit dir zu streiten.

B Ü H N E

Das hätte Spaß gemacht, ja.

V I O L E T T

Vielleicht hätte die neue Welt Oskar und Wassily die Augen geöffnet? Für ultraviolett und infrarot?

B Ü H N E:

Ja, das hätte sie, das hätte sie. Wir wären bekifft in Venice Beach gewesen. Light and space and mushrooms and acid in San Diego. Wellenreiten. Oder Bäume umarmen.

V I O L E T T

Jedenfalls, Bühne, es hat mich gefreut, dich kennenzulernen. Es wäre auch nett gewesen, wenn wir zusammen gearbeitet hätten. Vielleicht im nächsten Leben. Pass auf dein Karma auf. Tschüss!

B Ü H N E

Wieso denn - warte doch mal eine Minute. Komm weg vom Sinnhaften, weg von den Worten, away with words. Wait a minute ... Close your eyes. Close your eyes.

V I O L E T T

Ich warte ...

[hinter ihnen taucht ein violetter Vorhang auf]

B Ü H N E

Aufmachen!

THE BIG APPEARANCE

Wassily Kandinsky's "Violet. A Stage Play with Preface and Scenery" (Book #24) meets the "Bauhaus Stage"

VIOLET
Hi, my name is Violet. I don't think we've been introduced yet, have we?

STAGE
Violet, nice to meet you. I am the stage at the Bauhaus, the Bauhaus Stage.

VIOLET
You have heard of me, right? Certainly you know my name.

STAGE
Violet, you said ... No, sorry, I'm ...

VIOLET
Honestly?

STAGE
But my memory for names is absolutely rubbish. I ... I remember pictures, form, movement ... I could never remember names though, text neither.

VIOLET
Really ... Okay. That's a pity, a great pity. I was sure you'd have heard of me. Violet - a romantic stage play? By Wassily? Wassily Kandinsky? Kandinsky, no? Sure?

STAGE
Violet ...

VIOLET
Typical. All right. I should have known. Anyway: My name is Violet. I am a stage composition.

STAGE
Bauhaus Stage, nice to meet you.

VIOLET
Yes. I'm a bit older than you. Hugo Ball, do you remember? Bosso fataka, blago bung, the old caravan leader? No? Hugo Ball wanted to put me into the limelight. Munich, Kammerspiele, Neuer Verein.

STAGE
Munich - I don't really know the place. But I always wanted to go ...

VIOLET
My production! Everything was going wonderfully! Wassily was writing; we were practicing the cantos, the lighting. That was in 1914, back then, I was still called "The Violet Curtain." Then the war broke out. No more theater, no more Violet. Darn it. I could have been famous. Maybe we would have met. In Dessau, for example. They had a portrait of me made, which they published in the Bauhaus magazine in 1927. They printed a small part of me. The scene starts out in darkness: voices of women, men, and children sing of water, and of boats, of trees. Of colors, of deep blue, of deep green, of dark blue, of dark violet. Violet is my name. Remember?

STAGE
Violet ... yes ... well.

VIOLET
You know, when Wassily thought of me - he understood me. He really saw me. He really understood what I was about. Not only could he see me but hear, taste, feel me ... he got me. And I him. "Morbid" he called me. "Ominous." You know what he was talking about, don't you? And rightly so. I never saw the light of the stage. Do you remember now?

STAGE
Violet. Violet? ...

VIOLET
Anyway, Wassily wrote me for the Kammerspiele. Stage, that would have been so wonderful. Every morning when I wake up in bed, I think about how beautiful it would have been, in Munich. If the rehearsals had started. I can't get

over it. In between two violet curtains, very heavy, heavy violet velvet. They were much too large and always in the actors' way. The curtains were what it was all about. I don't know, actors, what are they all about?

STAGE
Yeah, actors ... that's a good question, really. I mean actors, I'm so fed up with them, they're all so vain ...

VIOLET
They're hysterical!

STAGE
Totally cynical, and such divas.

VIOLET
You know, with me there are no actors. With me, no words are spoken.

STAGE
Now that's a solution.

VIOLET
Stage, I'm gonna show you something. Close your eyes: Imagine the curtains parting. In the middle of the stage, the squarish stage, a large, red circle. In the middle of it, a small, violet circle grows slowly and finally covers the red circle completely. The red circle gradually shrinks, so that a blue border develops. Slowly, the red contracts. It vanishes and the big circle is BLUE! All of a sudden it's dark. Anyway ... The play never saw the light of the stage.

STAGE
Of course! I remember now! Of course, Kandinsky, Moholy and me ...

VIOLET
But you don't even know who Kandinsky is!

STAGE
Of course, we were talking about a play ... it was simply about forms, forms and colors. Yes! Collective noises also, but no individuals. It wasn't about characters, it was about ... there were noises, and colors, and city noises, and aeroplane noises, metallic noises. Violent, aggressive, yes! Overtone noises, undertone noises, wrrrrrrm, street noises and bfffffffww.

VIOLET
I'll quote from the play.

STAGE
There were choirs, too, but ...

VIOLET
... don't look at the boat and don't look at the person in the boat, and don't look at the ... oars. Look at the tiny mountain of water born from the water by the oar's stroke. It's only necessary to look at the tiny mountain of water: what sides and ribs it has ... the ribs are especially important! On ribs and sides are channels, that scale the ribs and sides, that's important to see ...

STAGE
Violet?

VIOLET
Yes?

STAGE
Do you know Lily Klee?

VIOLET
Of course.

STAGE
Lily Klee has that one story about Kandinsky. She had cooked some polenta for him ... Kandinsky wrote her a letter to thank her for the dinner. But he didn't write: "Lily, thanks for the polenta." Instead he wrote a letter about the polenta. Polenta as a synaesthetic pleasure. About the yellow of the polenta. About the taste. And the smell was yellow, too. Even to the ear. He said something like: "Polenta is like a flute to the ear; gentle, hushed, but energetic." And that Lily's polenta had pink tones. Pink tones in the yellow of Lily's polenta.

VIOLET
Yes. Wassily always said: "There's always an 'and.'"

STAGE
Violet, turn around. Go on. In a circle, yeah. If you don't mind, spread your arms. Up to the horizon, right. And lift your leg.

VIOLET
Which one?

STAGE
The left leg!

VIOLET
That's really tricky ...

STAGE
Something's missing, but ... the leg, lift the leg, yeah? Erm, do you trust me?

VIOLET
Yes ...

STAGE
I'll support you. Lean back. I'll hold you! And now, rotate - use your arms and legs. We're getting there. With the ... exactly! Prampolini would have ... that! Prampolini would have had some fun with this! It's polydynamic! We're ripping the room open aesthetically! The colors, arrows are tumbling down on us! And color grids, the whole palette, up and down, back and forth! And that's ... Human mechanics. Human mechanics!

VIOLET
Human mechanics.

STAGE
Violet, I have to ... let me read this out quickly: "In the planning of such a theater, it is NOT the conventionally reasonable, causal bonds which can play the lead character. Considering the stage design as a work of art, one has to learn from the visual artist's point of view. In the same way in which it is impossible to ask what a human being as an organism means or represents, it is likewise illegitimate to ask the same of a contemporary non-representational painting, as it is a design and thus also an organism." This here, this is my credo, my Bauhaus bible. Yes. That is Moholy-Nagy and Schlemmer, Molnár. Written in 1924, first published in 1925. Violet ... published in 1925 by Albert Langen. For László, variety was the theater of the future ... variety, clownery and circus as the suppression of the subjective, as the abolition of the individual, dynamically rhythmic design within a compact form. Violet, do you understand? What I mean? Violet, form a circle. Form a circle, and give me your arms. Mechanical eccentricity. Away with words, you understand? Weg mit den Worten! Away with words!

VIOLET
Yeah exactly, away with words.

STAGE
Say it. Away ... Away with people ... Violet. And gone was the stage. And we were gone. The war came back and we had to leave. And we left. Across the great pond we left. That's what you were just saying - not to look at the boat nor the people on the boat. So we looked at the horizon and to the New World. And we started to speak like Americans, Violet. László, Walter, Josef and Anni ... and Xanti Schawinsky, under whose direction I had been set up in Dessau, he took me with him to North Carolina and he became "Sandy Scherwinski." Oskar remained Oskar, because he didn't come along to America, he stayed. Although he probably would have loved it there in America. Well, he didn't survive. In '43, he died. Paralysis of the heart, they say. Paralysis.

VIOLET
Wassily and I went to Paris. I don't know ... I'd have gone to America, too. Maybe I'd even have been given an American name.

S T A G E

Yeah, "Purple." Purple haze, darling. I think you'd have loved it with us. Xanti could have staged you at the Black Mountain College. Or maybe you would have gone west. A musical, maybe, a purple musical ...

V I O L E T

And we could have argued brilliantly the whole time.

S T A G E

Yeah, we could have argued brilliantly.

V I O L E T

Is a triangle yellow?

S T A G E

It's yellow!

V I O L E T

Or red? Or blue? Is a square male or abstract? Or a red circle: is it concrete or female? It would have been really exciting to argue with you.

S T A G E

That would have been great fun.

V I O L E T

Yep, really good. Maybe the New World would have opened Oskar and Wassily's eyes. For ultraviolet and infrared?

S T A G E

Yes, it would have, Violet, it would have. We'd have been stoned in Venice Beach. Totally up in space, light and space, full of mushrooms and acid in San Diego, Violet! We could have been surfing ... we like surfing ... or tree hugging. You would be my tree and I would hug you, or ...

V I O L E T

Yes, exactly. Anyway, Stage, it was a pleasure meeting you. It would have been nice to have worked together. Maybe in the next life. Take care of your karma. Bye!

S T A G E

Wait a minute. Come away from the sensuousness, away with words ... Wait a minute. Close your eyes.

V I O L E T

No ...

S T A G E

Come on, close your eyes ...

V I O L E T

I'm waiting ...

S T A G E

Open ...

00:02 min

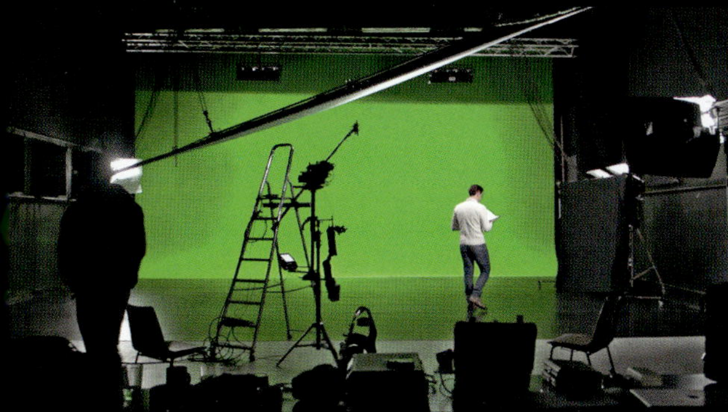

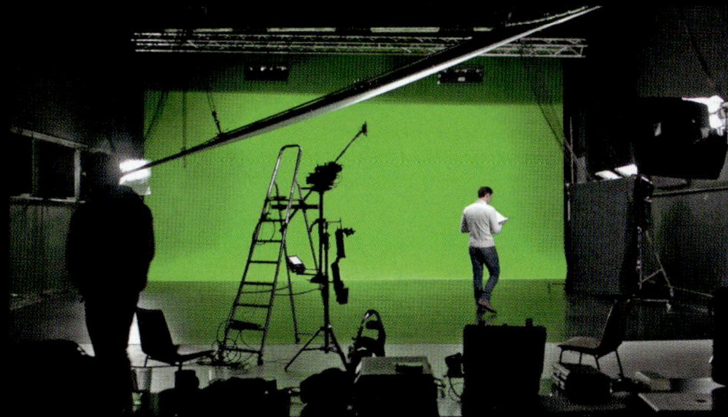

[S. 3/p. 9]

01:16 min

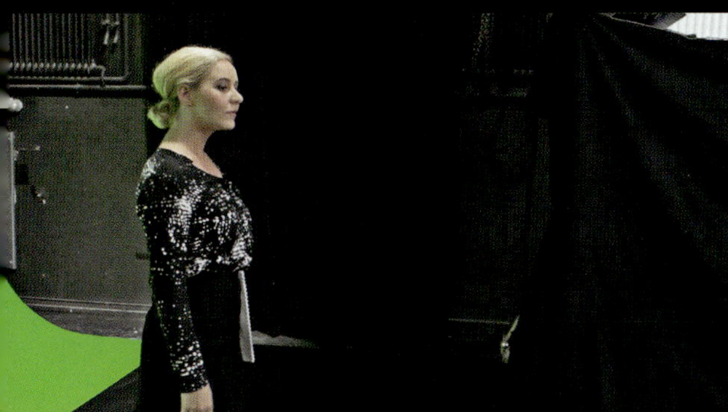

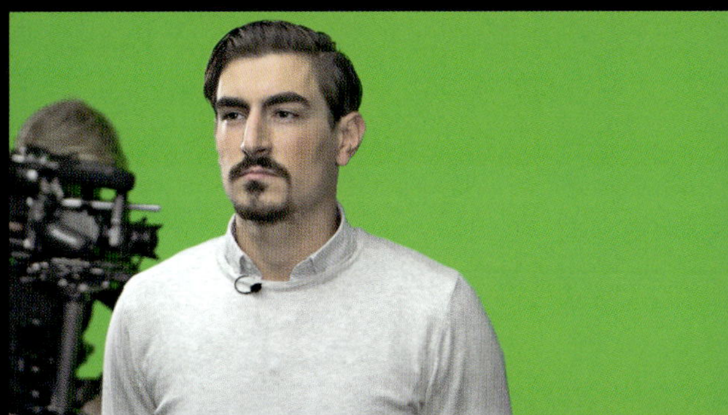

[S. 3/p. 9]

03:55 min

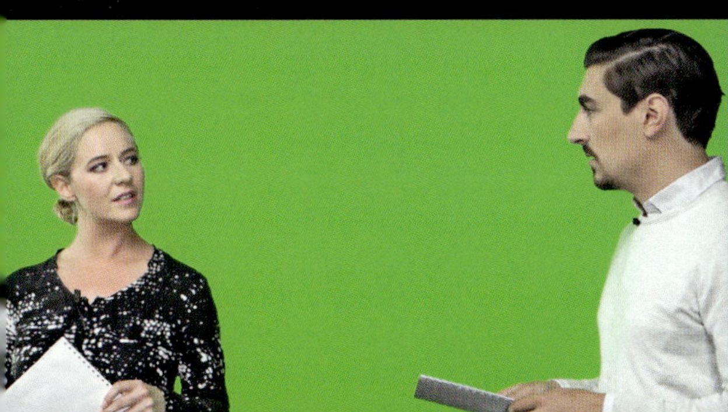

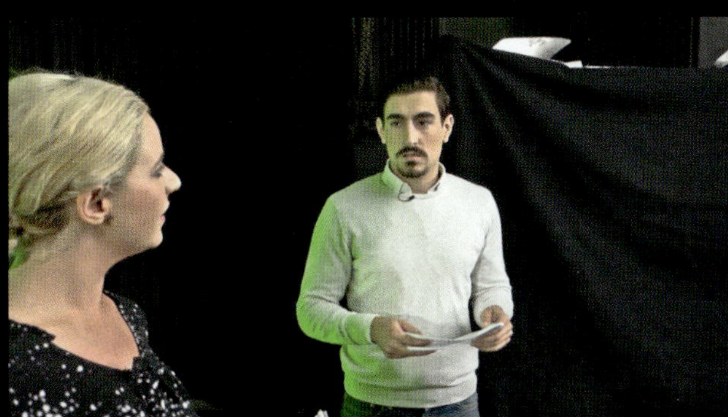

[S. 4/p. 9]

05:48 min

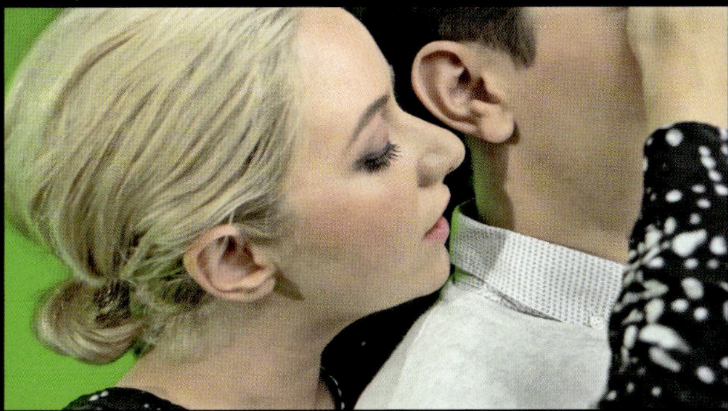

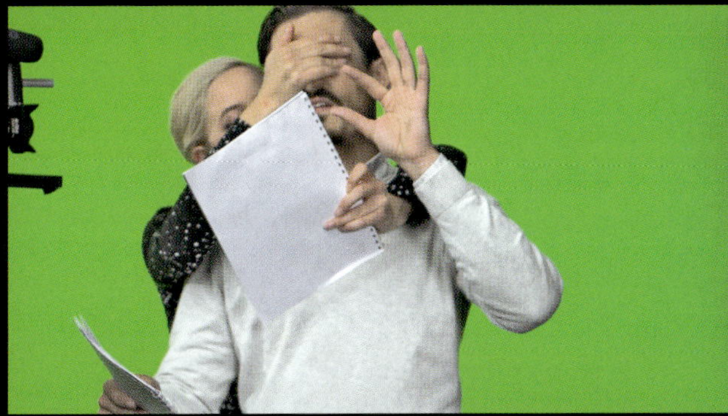

[S. 5/p. 10]

07:50 min

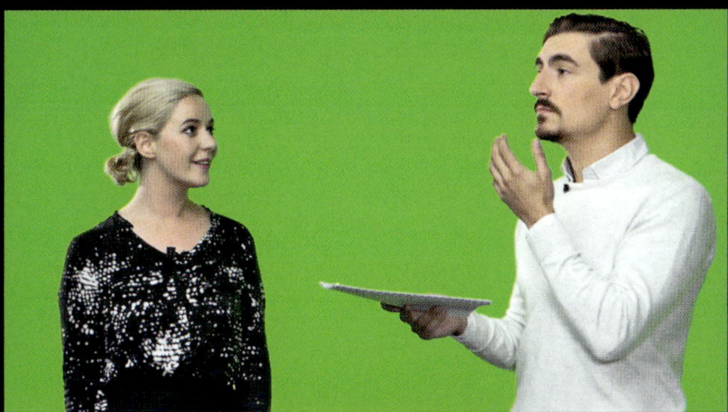

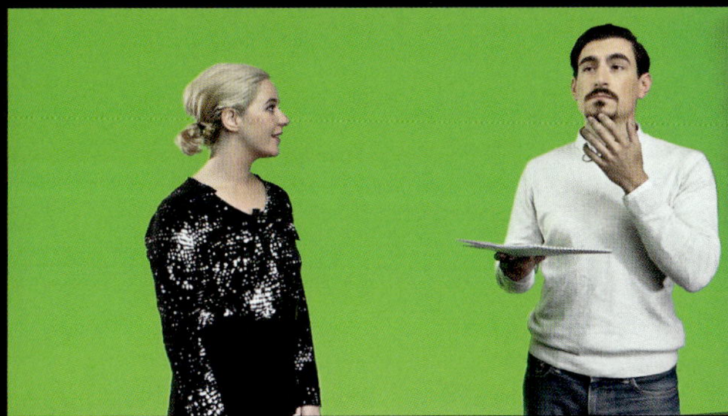

[S. 6/p. 10]

08:48 min

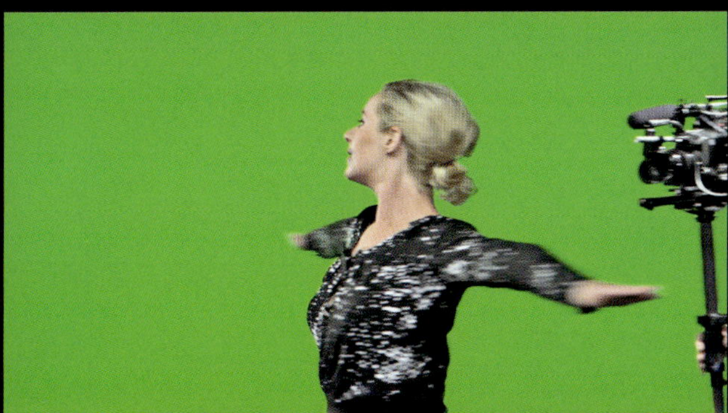

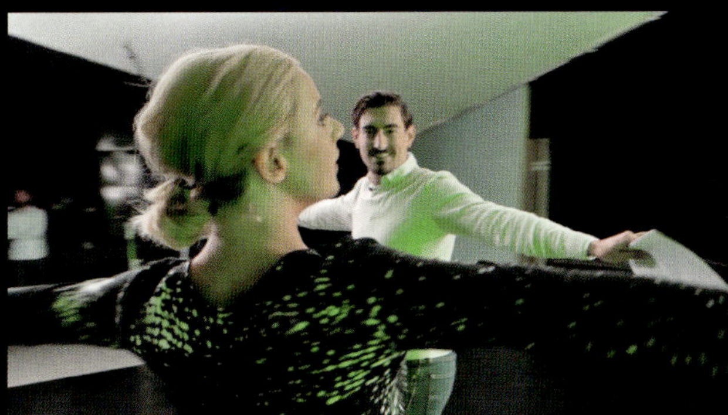

[S. 6/p. 11]

09:48 min

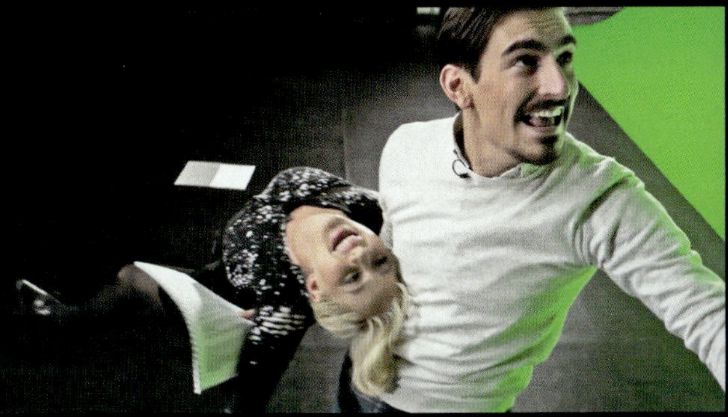

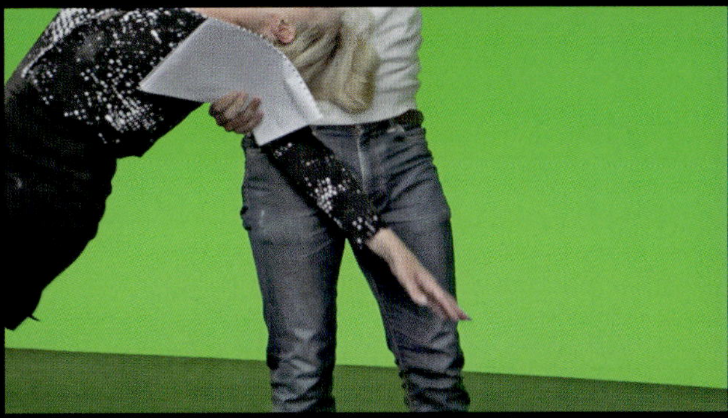

[S.6/p.11]

12:39 min

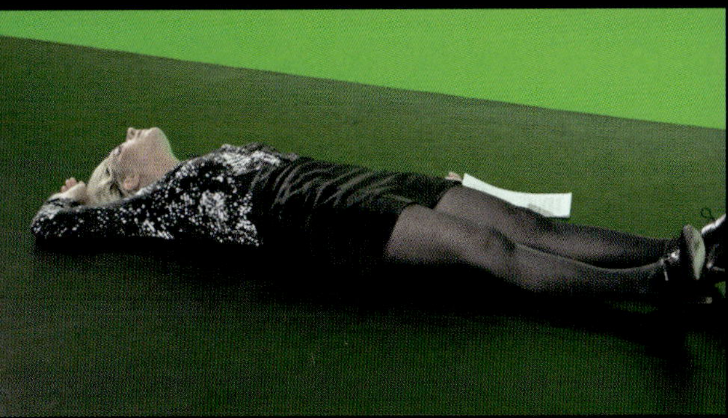

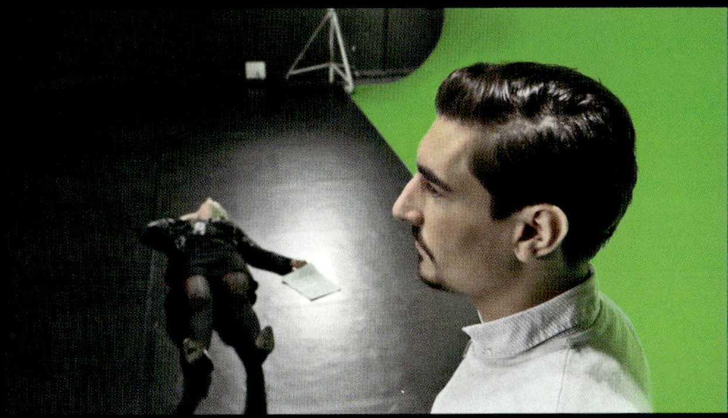

[S.7/p.11]

15:56 min

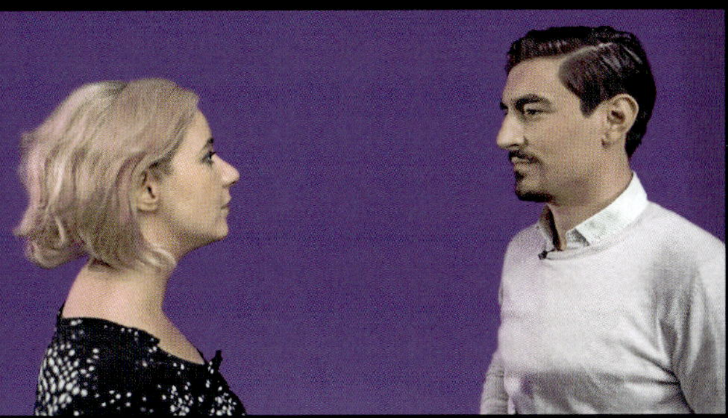

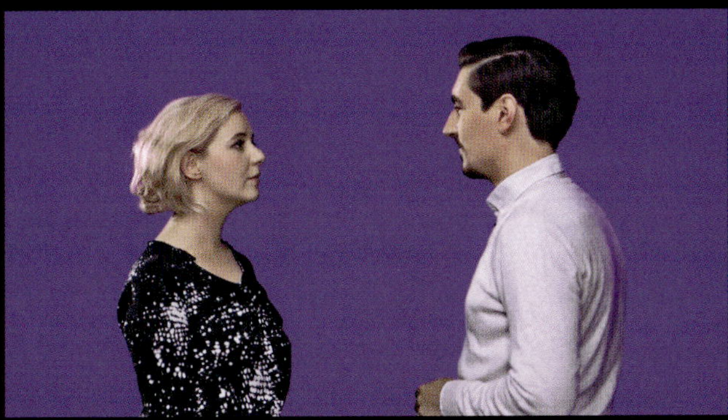

[S.8/p.12]

Olaf Nicolai

SILENT PARTNERS

DIE GESCHICHTEN UNGESCHRIEBENER BÜCHER

Episode 2
THE RAW MATERIAL

Jane Heaps „Die Neue Welt"
(Buch #54) unterhält sich mit „The Little Review"
(Literaturmagazin, New York 1914-1929)

[English subtitles pp. 22-24]

B U C H
Ja, die Heap war, ja wie soll man sagen, die war schon 'ne echt tolle Frau ...

M A G A Z I N / „ L I T T L E R E V I E W "
Coole Sau, 'ne coole Sau.

B U C H
Immer super Frauen am Start, immer Kippe in der Hand, die Frauen abwechselnd als Liebhaberinnen und Business-Partnerinnen, meistens beides.

M A G A Z I N
Coole Sau, würd' ich sagen ... verdammt coole Sau.

B U C H
Ja, ist ja okay ... „coole Sau".
Naja, du warst ja eh ihr Baby. Ich mein, gönn dir mal deinen Namen! „Little Review". Jane Heaps kleines Magazin ... uh. Super bescheiden!

M A G A Z I N
Jeder wollte rein, jeder wollte zu mir ... war man drin, dann war man jemand.

B U C H
Ja, zumindest dachte man das, da in eurer „Neuen Welt", in der Moderne.

M A G A Z I N
Bist du neidisch? Brauchst du nicht sein. Du bist doch auch ein Buch ... also ich meine, ein Buch wie du, das ist doch ... das bleibt doch. Und ich mein, hallo, Bauhaus! Also ein Bauhaus-Buch von Jane Heap.

B U C H
Na eben.

M A G A Z I N
Schade, dass du nie erschienen bist, hu?

B U C H
Zicke.

M A G A Z I N
Die Jane, ja ... die ganze Zeit nur hingereist von hin und her. Von Europa nach USA und wieder zurück. Ganze Worte hat die ja verschifft, und ohne die Heap gäbe es ja gar keine literarische Moderne. Also heißt es heute. Damals, da hätte ja niemand, aber heute ist es ja cool ... „cultural heritage"!! Sagt man da heute dazu.

B U C H
Ja, die Iren ...

M A G A Z I N
Die Iren ...

B U C H

Die Iren ... Die irren Iren ... Der Senator Yeats und der fleißige Lehrer Joyce, der süße Eliot und der besessene Pound. Und dann die ganzen Franzosen, Breton und Duchamp und Picabia ... Und natürlich nicht zu vergessen, not to forget: Miss Stein ... Gertrude ... mit ihren amerikanischen fellows, die so in Paris abhingen, den lieben langen Tag lang. Ich mein, call me Ernest! Der Herr Hemingway ...

Naja, schon tolle Leute, diese Wirtschaftsflüchtlinge ...

M A G A Z I N

Na, das war aber auch viel heiße Luft, ne? Muss man auch mal sagen. Also ich weiß noch, wie die Jane aus Europa zurückkommt, so 'nen Hals, total miese Laune. Nur Schrott, hat sie gesagt, nur Schrott und da hat sie sich mit Margaret hingesetzt ...

B U C H

Margaret? Die Anderson oder was? Ich dachte, die waren da getrennt ...

M A G A Z I N

Getrennt, zusammen, getrennt ... was ist das denn für ein bourgeoises Gequassel jetzt?! Auf jeden Fall haben die sich hingesetzt, zusammen und haben immer ein Buch genommen, und das mit spitzen Fingern in die Mülltonne geworfen. Und meine nächste Ausgabe: 12 leere Seiten. Ach, ich war so schlank ... das glaubst du nicht.

B U C H

Ja, ich werd nie vergessen, wie Jane da in New York am Bahnhof steht. Hinter ihr zwei Polizisten, Iren natürlich, erzkatholische, schöne runde, fleischige Gesichter voller Akne, Sommersprossen. Und der eine Polizist sagt „Madam, Sie sind verhaftet wegen der Verbreitung obszöner Schriften".

M A G A Z I N

Ja.

B U C H

Und hält eine Ausgabe von dir hoch. Die mit dem Joyce.

M A G A Z I N

„Ulysses". Du weißt das. Und sie, wie immer, crossdressed, also Anzug und Mantel, die Haare kurz, anrasiert unter dem schrägen Hut, und den Mund rot von dem dickem Lippenstift und die Augen braun und ruhig ... Und dann hält sie mit der rechten Hand 'ne Zigarette, den Arm auf dem linken Ellenbogen, die Hand horizontal zur Nase und durch den Rauch sagt sie zu dem Polizisten:

B U C H und M A G A Z I N

[gemeinsam] „Ja, die Iren."

BUCH

Herrlich!

MAGAZIN

Die Jane ...

BUCH

Naja, nach der Sache haben sie dich ja dann eingestellt.

MAGAZIN

Well they tried ... they tried. Jane hat die Anderson als neue Herausgeberin eingesetzt und behauptet, wir wären jetzt ein neues Magazin. Und die hat auch das Cover jetzt farbig gemacht, farbig gestaltet. Und dann viel mehr so über experimentelle Poesie berichtet, über Dadaisten und Surrealisten und das Ganze was da so en vogue war.

BUCH

Naja, Design und Grafik - das waren jetzt the message and the medium ... THE medium.

MAGAZIN

Wie diese Bauhaus-Zeitungen, nur ein bisschen mehr, wie sagt man, more sophisticated.

BUCH

Naja, dich gab es ja dann auch als Galerie ... Merchandise-Artikel ... The „Little Review Gallery" - Arp, Man Ray und Duchamp ...

Und spätestens nach dem Skandälchen war Jane dann ja eh die Frau, mit der man Bücher rausbringen wollte, wenn man unbedingt wollte, dass da „International" drauf steht. Deshalb sind die Bauhaus-Typen dann ja auch alle bei ihr angekommen.

MAGAZIN

Ach, die waren so komisch, sag ich dir ... die waren total so ... eso ... total eso drauf. Also die haben dann so ... gesund, gesünder, Vegetarier, natürlich alles Vegetrarier. Und Farbtheater ... was die alles gequasselt haben. Und dann, weißt du, was die gesagt haben?

BUCH

Willst du 'ne Zigarette?

MAGAZIN

Nee, danke, ich rauche nicht. Weißt du, was die gesagt haben? Schöner Wohnen als Revolution.

BUCH

Erbärmlich ... Naja, ist ja vielleicht auch besser, wenn die Bücher schon da sind, bevor die Leute kommen. Ich meine wir, wir sind ja emigriert, bevor die Leute rüberkamen! Darüber spricht keiner. Ich meine, wir sind verboten worden, haben Skandale ausgelöst, wurden

als Anarchisten verschrien, Kommunisten ... Wir haben Schulen begründet ...

M A G A Z I N

Not to forget poetry! Arp und Tzara sollten ja auch in eurer Bauhaus-Reihe erscheinen ... Europäische Lyrik. Nichts Geringeres als europäische Lyrik.

B U C H

Naja, die wollten halt auch Bauhaus-Bücher werden.

M A G A Z I N

Und was sagt Jane in Paris, als die beiden sie belatschern? Was sagt sie? EXHIBITION sagt sie. Machine! MACHINE AGE EXPOSITION - wie ein Kunstkritiker später sagen wird: Die rohen Daten des Modernismus ... THE RAW MATERIAL. Pretty Bauhaus, wenn du mich fragst. Ist ja klar, warum die Jane brauchten.

B U C H

Na, die wollten halt überall dabei sein, solange es um Moderne ging ...

M A G A Z I N

Branding auf der amerikanischen Kuhhaut.

B U C H

Na, ich weiß nicht, ob du dir darüber im Klaren bist, aber ich wär ja nur eins von einer ganzen Reihe an Büchern gewesen. Als es da los ging, hat der Moholy-Nagy zig Leute angeschrieben. Bei dem Rodtschenko hat er sich dann besonders viel Mühe gegeben, den hat er gebraucht. Der war ja damals richtig wichtig. Dem hat er dann eine Liste geschickt, mit 30 Themen, was so alles unter Bauhaus laufen könnte. Zum Beispiel Erziehungsfragen, Utopisches, Musik - sehr Bauhaus -, mechanische Sprech- und Spielmaschinen, Metaphysik, konstruktive Biologie, der ferne und der nahe Osten ... you name it! Whatever you want. Keine Ahnung. Ich frage mich, ob der das überhaupt verstanden hat, der Brief war ja in deutsch ...

M A G A Z I N

Jane hätte denen schön das Tanzen beigebracht ... Oder den Small Talk, oder was auch immer.

B U C H

Ja, die hat halt gerne geredet. Und dann waren alle beeindruckt, so einfach ging das. Muss man nur Jane Heap heißen. Aber ich hab mir, ehrlich gesagt, schon Sorgen um mich gemacht, als dann jemand so rumtütete, dass Jane eine brilliante Rednerin sei und die Kommunikation als Kunst versteht ... the style is the message, you know ... da war ich schon ein bisschen alarmiert ...

M A G A Z I N

„Something entirely unrelated to sense or reality or logic."

B U C H

Da hatte man sich als Sachbuch ja schon was anderes erhofft.

M A G A Z I N

Ja, aber wenn es um PR geht, da haben sich Jane und das Bauhaus ziemlich gut verstanden.

B U C H

Jane hat übrigens „Weberei" studiert, ich weiß nicht, ob du das wusstest, little magazine. Ja, macht Sinn, oder?! Also, Weben, Denken, Schreiben, also Fäden, von hier nach da und irgendwo ... Dazwischen - Nichts ... Nix.

M A G A Z I N

Erinnerst du Dich noch an die Widmung, die Gertrude in dich reinschreiben wollte?

B U C H und M A G A Z I N

[gemeinsam] „Jane was her name and Jane her station and Jane her nation and Jane her situation.

Thank you for thinking how do you do thank you Jane thank you too thank you for thinking thank you for thank you."

B U C H

Die Jane ...

M A G A Z I N

Ach ja, die Jane, das war eine ... ach Jane ...

THE RAW MATERIAL

Jane Heap's "The New World" (Book #54) talks to "The Little Review" (literary magazine, New York 1914-1929)

B O O K
Yeah, Heap was, how to say, a really cool woman ...

M A G A Z I N E /
" L I T T L E   R E V I E W "
A cool broad, a cool old broad ...

B O O K
Always super women in the wings, always a fag in her hand, the women lovers or business partners, mostly both.

M A G A Z I N E
Cool broad I'd say ... damn cool broad.

B O O K
Yeah, okay ... cool broad. Well, you were her baby. Look at your name! "The Little Review." Jane Heap's little magazine ... ugh! Super modest!

M A G A Z I N E
Everyone wanted to be in it, to be with me ... when you were in, you were somebody.

B O O K
Yeah, that's what they thought, over there in your New World, in Modernity.

M A G A Z I N E
Are you jealous? Don't be. You're a book. I mean, a book like you, that lasts. And I mean, hello, Bauhaus! A Bauhaus book by Jane Heap.

B O O K
Exactly.

M A G A Z I N E
It's a pity that you were never published, huh?

B O O K
Oh, shut up.

M A G A Z I N E
Jane, yeah ... travelling around all the time from here to there, from Europe to the US and back. Whole words she shipped, and there'd be no literary Modernity today without Heap. Back then no one would have, but today it's cool ... "cultural heritage!" That's what it's called today.

B O O K
Yeah, the Irish ...

M A G A Z I N E
Mm, the Irish ...

B O O K
The crazy Irish ... Senator Yeats and the diligent teacher Joyce, sweet Elliot and the obsessed Pound. And the French ... Breton, Duchamp, Picabia ... and not to forget: Miss Stein ... Gertrude ... with her American fellows who hung out in Paris all day. I mean, call me Ernest, yeah! Mister Hemingway ... great people, these economic refugees, I must say ...

M A G A Z I N E
No, that was a load of hot air, wasn't it? That has to be said. I remember Jane returning from Europe, pissed-off and in a terrible mood. All crap, she said, and then she sat down with Margaret ...

B O O K
Margaret? Anderson you mean? I thought they were split up then ...

M A G A Z I N E
Separated, together, separated, what sort of bourgeois nonsense is that?! Anyway, they sat down and took one book after another, held them at arm's length and binned them. And my next edition: 12 empty pages. Alas, I was so slim, you wouldn't believe it.

B O O K
Yeah, I'll never forget Jane standing at the station in New York. Two policemen behind her, Irishmen of course, ultra-Catholic, beautifully round, brawny faces full of

acne and freckles. And one officer said: "Madam, you are arrested for the distribution of obscene writings."

MAGAZINE
Yeah.

BOOK
And held up an issue of you. The one with Joyce.

MAGAZINE
"Ulysses," yeah? You know it. And she, cross-dressed as always, suit and coat, hair short and slightly shaved under a sloped hat, lips red from the lipstick and her eyes brown and calm, cigarette in her right hand, arm on her left elbow, hand horizontal to her nose and through the smoke she says to the officer:

BOOK and MAGAZINE
[together] "Oh, the Irish."

BOOK
Wonderful!

MAGAZINE
Jane.

BOOK
Jane. Well, after that they discontinued you.

MAGAZINE
Well they tried, they tried. Jane appointed Anderson as the new editor and claimed that we were a new magazine then. And she also colored the cover, and reported on experimental poetry, Dadaists, Surrealists, everything that was en vogue then. Yep, design and graphic arts were the new message and the medium ... THE medium. Like these Bauhaus journals, just a bit more, how to say ... sophisticated.

BOOK
Yeah, and you were a gallery, too ... merchandise goods ... the "Little Review Gallery" - Arp, Man Ray, Duchamp ... and by the time of the scandal they all wanted to publish with her, if they wanted the word "international" on it. That's why all the Bauhaus guys ended up coming to her.

MAGAZINE
They were so weird, I tell you, totally esoteric. They were all healthy, healthier, all vegetarians of course. And they rattled on about color theater. You know what they said then?

BOOK
Would you like a cigarette?

MAGAZINE
No thanks, I don't smoke. You know what they said? "Beautiful living equals revolution!"

BOOK
Pathetic ... but maybe it's better if the books are there before the people come. We emigrated before the people came over. Nobody talks about that. We were forbidden, scandalous, discredited as anarchists, communists, we founded schools ...

MAGAZINE
Yeah ... not to forget poetry. Arp and Tzara were meant to appear in your Bauhaus series ... European lyricism, no humble matter.

BOOK
Well, they wanted to become Bauhaus books as well.

MAGAZINE
What did Jane say in Paris as both of them were haranguing her? "Exhibition." "Machine!" "Machine-Age Exposition." Or as an art critic would later say: the raw material of Modernism ... "the raw material." Pretty Bauhaus, if you ask me. It's clear why they needed Jane.

BOOK
Well, they wanted in on anything concerning Modernity ...

MAGAZINE
Branding on the American cowhide.

B O O K
Do you know, I would have been one in a whole series of Bauhaus books. At the start Moholy-Nagy contacted umpteen people. He made an extra effort with Rodchenko, he was so important at the time, and Moholy-Nagy needed him. And then he sent him a list of 30 themes that could take place in the Bauhaus: questions about raising children, utopian stuff, music - very Bauhaus - mechanical speech, toy machines, metaphysics, constructive biology, the Far and Middle East, you name it! Whatever you want. I've got no idea. I wonder if he even understood it, the letter was in German after all.

M A G A Z I N E
Jane would have taught them how to dance, or small talk, or whatever.

B O O K
Yeah, she loved talking.

M A G A Z I N E
Yeah, Jane!

B O O K
Then everybody was impressed, simple as that. You just had to be named Jane Heap. Honestly, I worried when someone started going on about Jane being this brilliant speaker who understood communication as an art ... the style is the message, you know, I was alarmed.

M A G A Z I N E
"Something entirely unrelated to sense or reality or logic."

B O O K
Well, as a non-fiction book I hoped for something different.

M A G A Z I N E
Yeah, but when it came to PR, Jane and the Bauhaus got along well.

B O O K
By the way, Jane studied weaving, I don't know if you knew, little magazine. Makes sense, doesn't it?! I mean, weaving, writing, thinking, strings, here to there, over and under, right, left ... and in-between, nothing ... nothing.

M A G A Z I N E
Remember the dedication that Gertrude wanted to write into you?

B O O K and M A G A Z I N E
[together] Jane was her name, and Jane her station, and Jane her nation, and Jane her situation. Thank you for thinking, how do you do, thank you Jane, thank you too, thank you for thinking, thank you for thank you!

B O O K
Oh Jane ...

M A G A Z I N E
Man, Jane ... what a woman ... oh Jane ...

01:30 min

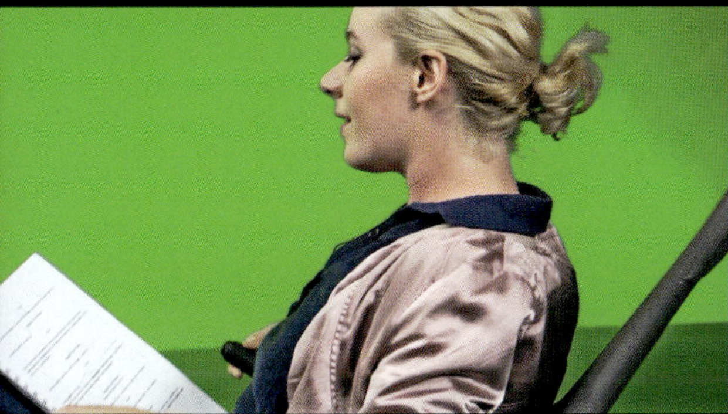

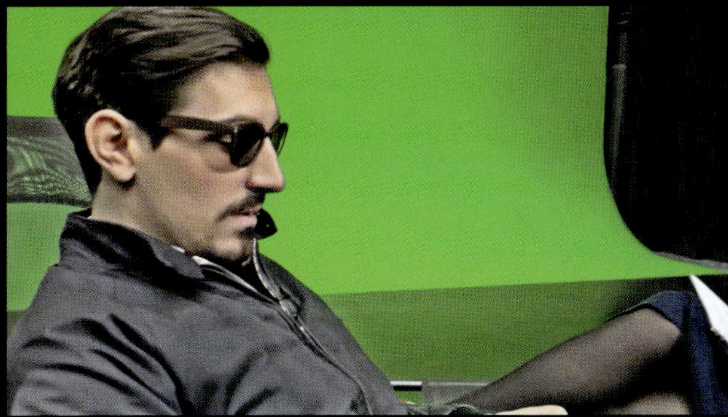

[S. 17/p. 22]

02:16 min

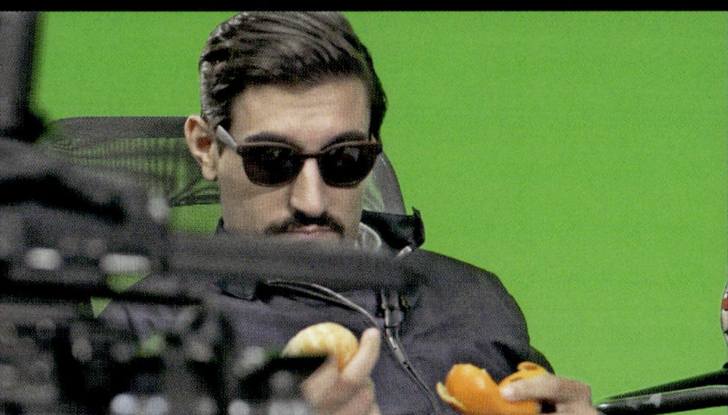

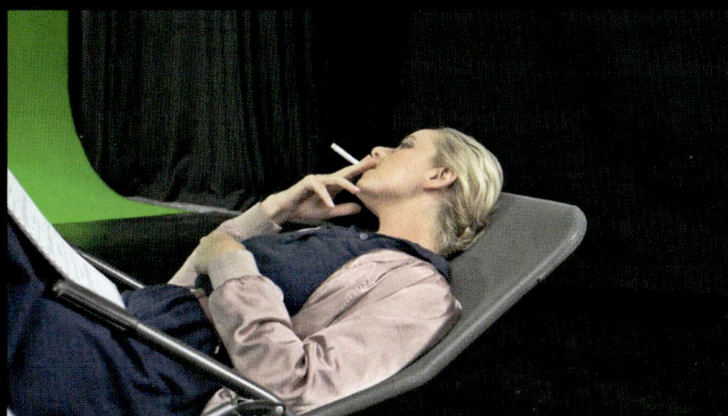

[S. 17/p. 22]

03:29 min

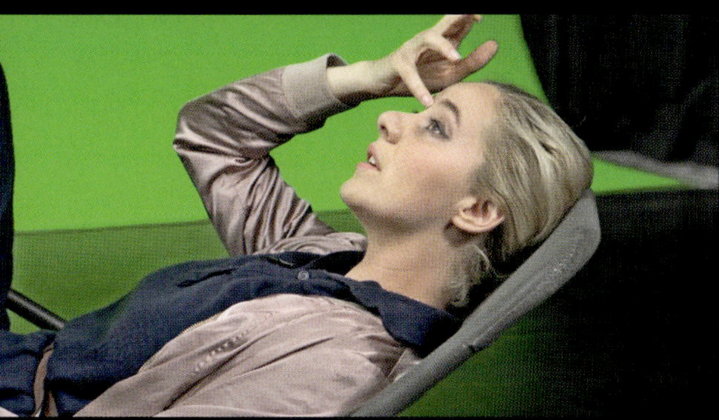

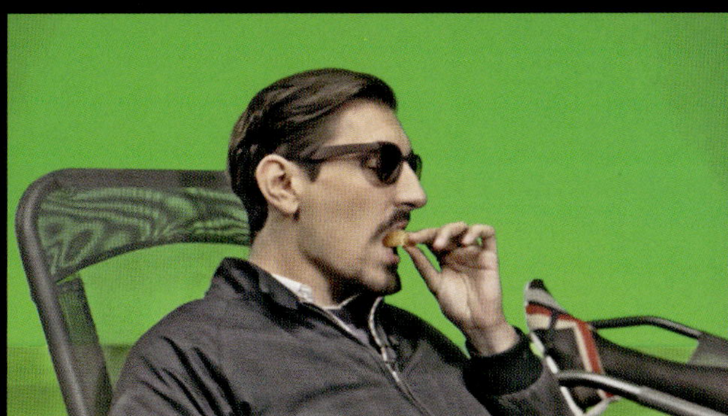

[S. 17/p. 22]

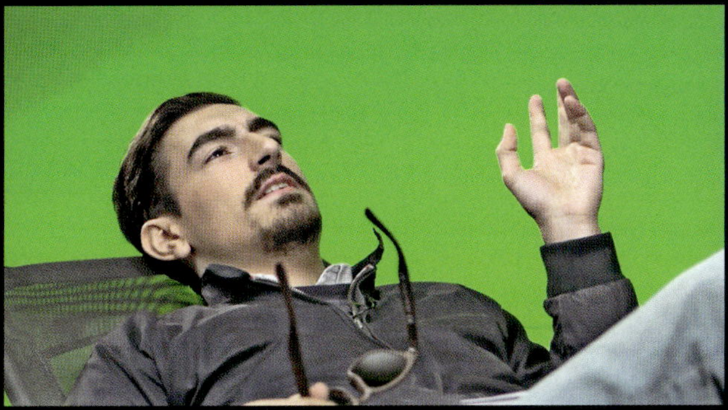

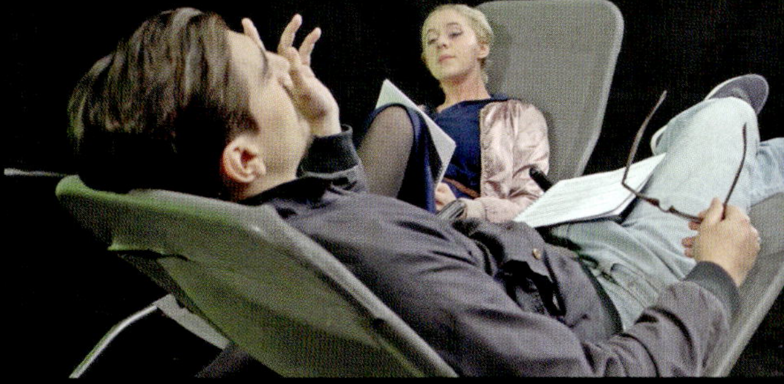

[S. 19 / p. 23]

11:05 min

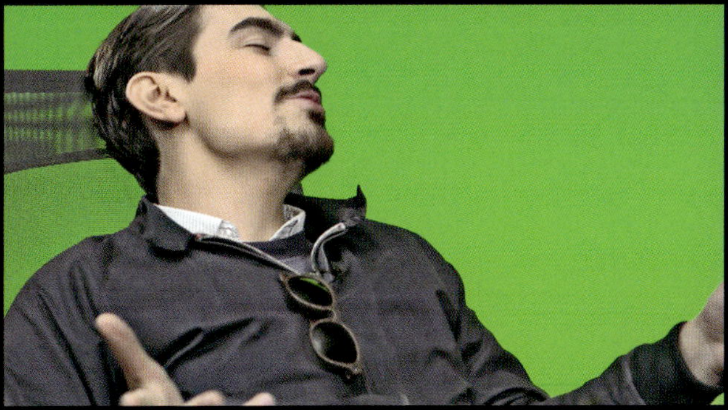

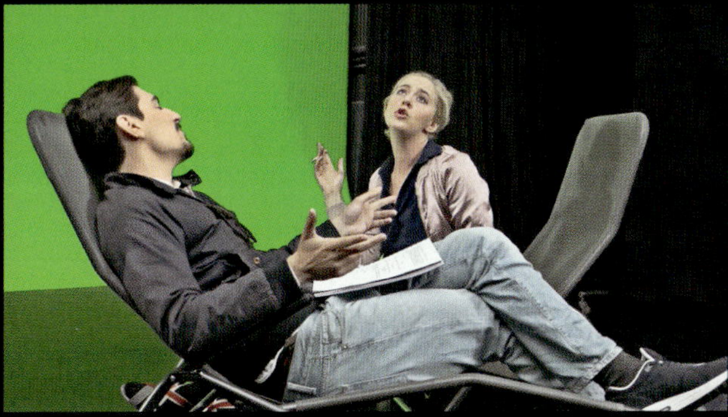

[S. 21 / p. 24]

11:13 min

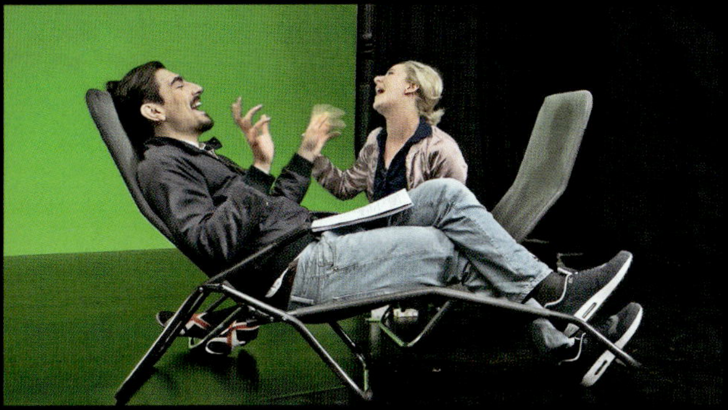

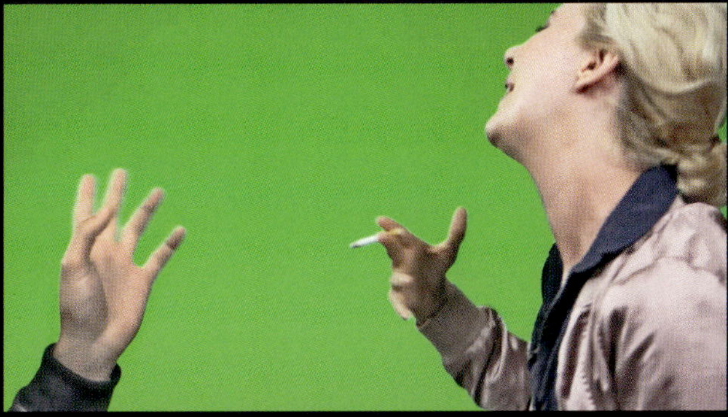

[S. 21 / p. 24]

Olaf Nicolai

SILENT PARTNERS

DIE GESCHICHTEN UNGESCHRIEBENER BÜCHER

Episode 3
FUTURO KRIEGT DIE KRISE

Frederick Kieslers „Die Raumstadt" (Book #20)
geht mit dem „Futurismus" aus

[English subtitles pp. 37-41]

F U T U R I S M U S

Was denn?

R A U M S T A D T

Tanzen?

F U T U R I S M U S

Total gerne.

R A U M S T A D T

Cool, mein Freund. Let's do it.

F U T U R I S M U S

Dann leg mal vor. Zeig mal, was du so drauf hast.

R A U M S T A D T

Krasser Sound.

F U T U R I S M U S

Ja. Cool, dass die alle jetzt in englisch singen, und nicht mehr auf deutsch.

R A U M S T A D T

[kichert] Ja. Ach Mensch, wenn ich sehe, wie du tanzt, dann bin ich wieder ganz frisch verliebt in dich.

F U T U R I S M U S

Ja? Wieso?

R A U M S T A D T

Kleiner Futuro ...

F U T U R I S M U S

Ja Cool. Ist doch toll.

R A U M S T A D T

Ja. Hast du schon die Heap gesehen?

F U T U R I S M U S

Nee, hab ich noch gar nicht gesehen.

R A U M S T A D T

Vorne bei den Brötchen und Törtchen.

F U T U R I S M U S

Aber selbst wenn, die würde mich ja nicht erkennen, ne?!

R A U M S T A D T

Klar würde die dich erkennen.

F U T U R I S M U S

Nee, mich kennt hier ja keiner.

R A U M S T A D T

Völliger Quatsch.

F U T U R I S M U S
Wieso ist das völliger Quatsch? Ist doch deine Party hier.

R A U M S T A D T
Das ist nicht meine Party.

F U T U R I S M U S
Ich bin doch nur wegen dir hier. Es würde nicht auffallen, wenn ich nicht da wäre. Also ist doch so.

R A U M S T A D T
So eitel ... Ist doch Quatsch!

F U T U R I S M U S
Wieso ist das Quatsch? Es ist doch so!

R A U M S T A D T
Ich glaub ich hab auch vorhin schon jemand von dir reden gehört. Ja - Futurismus hat ja auch dies und jenes gesagt, und er hatte neulich 'ne total gute Krawatte an.

F U T U R I S M U S
Ja ... ja, die Musik ist relativ scheiße, wenn ich mal ehrlich bin.

R A U M S T A D T
Wieso, ist doch total nett.

F U T U R I S M U S
Nett?

R A U M S T A D T
Ja, die Musik ist doch gut! Groovy, sexy.

F U T U R I S M U S
Ist genauso nett wie ich in deinem Buch vorkomme. Nämlich mal so nett am Rande.

R A U M S T A D T
Ja wieso, ist doch super, vorzukommen.

F U T U R I S M U S
Ja vorzukommen, vorzukommen.

R A U M S T A D T
Ist doch 'ne total exklusive, tolle ...

F U T U R I S M U S
Ich hätte aber auch ein eigenes Bauhaus-Buch sein können, ja? Ich bin nur am Rande, am Rande ... Und ich komm nicht gut weg bei dir. Ich hab auch keinen Bock jetzt mehr hier zu tanzen.

R A U M S T A D T
Psssch t.

F U T U R I S M U S
Was denn, psssсht? - Ich setz mich jetzt da hin.

R A U M S T A D T
Du brauchst mir nicht hier auf der Tanzfläche so eine Szene zu machen.

F U T U R I S M U S
Was denn für 'ne Szene machen?

R A U M S T A D T
Ja, ich weiß nicht, was da gerade in dich gefahren ist. Du kannst dich auch mal setzen, abregen.

F U T U R I S M U S
Ja, dann setz ich mich bei deiner Party. Ist super hier. Gefällt mir richtig gut.

R A U M S T A D T
Also die, die, Spirituisten, Spiritualisten, die so gerne LSD nehmen ...

F U T U R I S M U S
Ja ...

R A U M S T A D T
Also der - wie heißt der nochmal - der Cary Grant, der meinte nur, man soll einfach mal den Schließmuskel entspannen.

F U T U R I S M U S
Ja, ist doch super.

R A U M S T A D T
Mal ein bisschen schweben.

F U T U R I S M U S
Schweben, genau. Das ist toll, wie du schwebst. Du kommst mir total schwebend vor.

R A U M S T A D T
Ja!

F U T U R I S M U S
Das ist toll. Ja, dir geht's ja auch super! Aber mir geht's halt scheiße! Aber davon hast du keine Ahnung, ne? Weil scheiße ist ja so gar nicht dein Thema. Soll ich wieder leise reden? Das könnte wieder die Leute verstören, ne? Ja, Kacke. Hast du mal gekackt? Lass uns doch mal über Kacken reden. Warum denn nicht bei 'ner Party über Kacken reden.

R A U M S T A D T
Oh Mann.

F U T U R I S M U S
In deinem schwebenden Zustand, ohne Türen, ohne Wände, wie is'n das so, bei dir? Hm? Mit dem Kacken? Hast du mal gekackt?

R A U M S T A D T
Kannst du mal bitte aufhören? Das ist total unangenehm. Was soll ich dir denn da antworten, jetzt?

F U T U R I S M U S
Ja, dann reden wir halt nicht. Erzähl doch mal was von deiner Utopie, huh? Oder von ...

R A U M S T A D T
Ich weiß nicht, was hier diese vorgespielte Depression, dieses Selbstmitleid soll. Super narzisstisch. Da brauchst du gar nicht so stolz drauf zu sein.

F U T U R I S M U S
Wieso stolz drauf zu sein? Ich bin einfach die Zukunft, so sieht's mal aus.

R A U M S T A D T
Ja. Ich bin auch 'ne Zukunft.

F U T U R I S M U S
Ja.

R A U M S T A D T
Ist doch super! Deswegen mögen wir uns ja auch so gerne.

F U T U R I S M U S
Ja, aber deine Zukunft ist Quatsch! Tut mir leid, du bist nicht die Zukunft, du bist Vergangenheit! Die Vergangenheit von einer Zukunft, die es niemals geben wird. Tut mir leid, dass du ...

R A U M S T A D T
Hallo? Mich gibt's! Mich gibt's als Utopie. Das ist verdammt viel wert.

F U T U R I S M U S
Das bist und bleibst du aber auch: eine Utopie. Ein Nicht-Ort.

R A U M S T A D T
Hmm. Also, ich kann jetzt auch nichts dafür, dass der Prampolini und der Marinetti dich nicht geschrieben haben. Es war schon hart genug, dich überhaupt in die Reihe zu kriegen, also dass du jetzt in mir abgedruckt wurdest. Du kannst dich auch mal freuen. Du bist wahnsinnig undankbar.

F U T U R I S M U S
Du, danke. Du, ich freu mich total, danke.

R A U M S T A D T

Es ist ja nicht meine Schuld, dass ich ein Bauhaus-Buch bin, ja? Der Kiesler hat halt so nett gefragt, und was soll ich denn da sagen?

F U T U R I S M U S

Ach, der Kiesler!

R A U M S T A D T

Ja! Und ich muss mir auch nichts vorwerfen ...

F U T U R I S M U S

Nee - der Kiesler ist ja ein super Typ.

R A U M S T A D T

Ja, ich wusste ja auch nicht, dass der fragen wird. Und es hat mich auch gefreut. Kannst du mir auch mal gönnen.

F U T U R I S M U S

Ja, total. Der Kiesler ist ja auch 'ne tolle Sau. Was der vorhatte in Amerika, und jetzt sind wir hier, ist ja toll, ne? Mit der Firma. Und der hatte doch so einen ganz tollen Job, aber irgendwie auf einmal ... war er in Amerika und dann gab's die Firma gar nicht. Hmmmm ... Natürlich scheiße. Was machen wir'n da in Amerika?

R A U M S T A D T

Das brauchst du ihm doch jetzt nicht vorzuwerfen.

F U T U R I S M U S

Wieso brauch ich das dem nicht vorzuwerfen? Ist doch totaler Quatsch! Ist totaler Quatsch, in seinem Schwebezustand. Von seinen komischen Häusern da fantasiert. Und was hat er gemacht? Theater hat er gemacht. Theater und Szenen, ja?

R A U M S T A D T

Ja, das ist doch wunderbar. Theaterkulissen. Also guck mal, hinter so einem Vorhang, da eröffnet sich wirklich eine Welt.

F U T U R I S M U S

Ooh - du wärst so gerne eine Theaterschauspielerin, ne? Kann das sein?

R A U M S T A D T

Ich glaube, du wärst gern ein Theaterschauspieler. Alter Dramatiker.

F U T U R I S M U S

Nee, ich hätte gerne einfach nur ein Buch. Ich wäre gerne veröffentlich worden.

R A U M S T A D T

Ja, dann streng dich halt mal an, geh zu der Heap rüber, stell dich vor.

F U T U R I S M U S
So eine blöde Quasselstrippe.

R A U M S T A D T
So ein bisschen selbstbewusst. Übe mal ein bisschen tanzen.

F U T U R I S M U S
Pfft. Ich pass doch hier gar nicht rein.

R A U M S T A D T
Du bist einfach so steif!

F U T U R I S M U S
Ja, ich bin steif, und ihr seid alle schwebend! Dann schwebt doch mal ein bisschen rum, schweb doch mal da zu dem Licht, zum Beispiel. Und dann guck da rein, und dann kannst du wieder ...

R A U M S T A D T
Faturo-Baby ...

F U T U R I S M U S
... dann kannst du wieder dein neues Manifest finden. Nenn mich nicht Faturo, und ich bin auch nicht Futuro, und auch nicht dein Baby. Ich bin die Zukunft, okay?

R A U M S T A D T
Ja. Ja, Zukunft! Zukunft, ist doch super.

F U T U R I S M U S
Ja, danke.

R A U M S T A D T
Ja, reißt die Mauern ein, gründet eine neue Welt, ja? Wir wollen uns loslösen von der Erde, also schweben, schwerelos, unendlich, frei sein. Keine ...

F U T U R I S M U S
Ich kann das nicht hören.

R A U M S T A D T
Keine Käfige, keine Mauern, keine Barrieren.

F U T U R I S M U S
M-hm. Ja.

R A U M S T A D T
Körper. Und Geist. Ist doch super.

F U T U R I S M U S
Das ist klasse.

R A U M S T A D T
Das ist großartig.

F U T U R I S M U S
Das ist toll, ja. Das ist toll.

R A U M S T A D T
Ja.

F U T U R I S M U S
Ist ja fast wie in Amerika!

R A U M S T A D T
Ja, ist doch gut, dass wir jetzt endlich mal in Amerika sind.

F U T U R I S M U S
Es ist toll hier! Es ist total toll!

R A U M S T A D T
Ja!

F U T U R I S M U S
Schöne Schaufenster, auch, die der Kiesler da eingerichtet hat. Das ist toll.

R A U M S T A D T
Was hast du denn da jetzt immer. Du machst immer so ...

F U T U R I S M U S
Nee, der Kiesler hat dich halt supportet, ist doch toll. Ich mein, hallo, immerhin hast du jemanden, der dich supportet. Ich hab da niemanden.

R A U M S T A D T
Ich mein, der Kiesler hat's immerhin geschafft!

F U T U R I S M U S
Der Kiesler hat's geschafft. Und was hat er geschafft?

R A U M S T A D T
An Kiesler sieht man doch, dass es klappen kann!

F U T U R I S M U S
Nein, dass es nicht klappen kann! Wo sind denn seine Wohnungen? Er hat auf einmal irgendwelche Kinos gebaut! Und in den Kellern, was ist denn in den Kellern passiert? Da sind die ganzen Hippies rein!

R A U M S T A D T
Ja, das ist doch schön!

F U T U R I S M U S
Ja, das ist schön - das ist versifft! Die nehmen Drogen, und dann schweben die! Im Keller schweben die!

R A U M S T A D T
Ja, und dann haben die Musik gemacht.

F U T U R I S M U S
Im Keller schweben die rum! Auf diese komische Bongo-Musik, die hier da die ganze Zeit läuft, so sieht's doch mal aus! Und dann haben die alle irgendwelche Labels gegründet hier. Electric Lady, von diesem Jimi Hendrix.

R A U M S T A D T
Das ist doch fantastisch!

F U T U R I S M U S
Ja, das ist der Plan gewesen? Das ist eure Utopie, oder wie? Das ist doch Quatsch! Das ist totaler Quatsch!

R A U M S T A D T
Ja, ich meine, du musst jetzt auch mal sehen, ja ...

F U T U R I S M U S
Was, muss ich sehen? Was?

R A U M S T A D T
Also ...

F U T U R I S M U S
[unterbricht] Ich erzähl dir mal 'ne Geschichte. Ich erzähl dir mal 'ne schöne Geschichte, ja? Es gibt da diesen Architekten in England, hm? Ja? Und der, der hat schön à la Bauhaus die Hochhäuser hochgezogen, ja? Und was sagen sie in den 80ern zu ihm? Da stellen sie auf einmal fest, dass die Selbstmordrate total hoch ist.

R A U M S T A D T
Ach, warum musst du mir immer mit dieser Geschichte kommen?

F U T U R I S M U S
Weil's wahr ist. Weißt du, was das Ende dieser Geschichte ist? Der Architekt ist von einem dieser Häuser runtergesprungen und hat sich getötet. Das ist deine Utopie.

R A U M S T A D T
Super. Wie immer, sehr schön erzählt. Kleiner Futuro. Danke für die schöne Suizidalgeschichte.

F U T U R I S M U S
Bitte.

R A U M S T A D T
Werde gut schlafen können.

F U T U R I S M U S
Ach, schön.

R A U M S T A D T
Das Haus war trotzdem gut, was der gebaut hat.

F U T U R I S M U S
Hm.

R A U M S T A D T
Okay, hast du dich jetzt wieder beruhigt?

F U T U R I S M U S
Du, mir geht's super. Tolle Party.

R A U M S T A D T
Willst du noch einen Martini?

F U T U R I S M U S
Gerne, ja.

R A U M S T A D T
Oder einen Fitzgerald? Oder - soll ich dir nochmal die Heap vorstellen?

F U T U R I S M U S
Ah, nee. Nee, muss nicht sein.

R A U M S T A D T
Da drüben steht sie gerade. - Hey, hi Jane!

F U T U R I S M U S
Ach, so eine Quasselstrippe.

R A U M S T A D T
Jetzt komm doch mal mit. Vielleicht wird das ja doch noch was mit deinem Buch.

F U T U R I S M U S
Ja, na dann. Gehen wir doch mal da hin.

R A U M S T A D T
Kommst du echt mit?

F U T U R I S M U S
Ja, na klar!

R A U M S T A D T
Ich kann's nicht fassen!

F U T U R I S M U S
Nee, ich hab super Laune. Wir können auch gerne nochmal tanzen, wenn du willst.

R A U M S T A D T
Ok ... [zu Heap] Hi, nice to meet you.

F U T U R I S M U S
Hi ... Oh Mann ... Es muss ein Krieg her, ich sag's dir.

FUTURO HAS A CRISIS

Frederick Kiesler's "City of Space" (Book #20) goes out with "Futurism"

F U T U R I S M
What?

C I T Y O F S P A C E
Wanna dance?

F U T U R I S M
I'd love to!

C I T Y O F S P A C E
Cool, my friend. Let's do it.

F U T U R I S M
You go first. Show me what you've got.

C I T Y O F S P A C E
Nice sound.

F U T U R I S M
Yeah. It's cool that they all sing in English and not in German.

C I T Y O F S P A C E
Yes. Oh man, seeing you dance makes me fall in love with you all over again. Little Futuro ...

F U T U R I S M
Cool. It's amazing.

C I T Y O F S P A C E
Yeah. Have you seen Heap yet?

F U T U R I S M
No, I haven't seen her.

C I T Y O F S P A C E
Next to the rolls and the tart-lets ...

F U T U R I S M
She wouldn't recognize me if she saw me.

C I T Y O F S P A C E
Sure she would.

F U T U R I S M
No one knows me here.

C I T Y O F S P A C E
That's total rubbish.

F U T U R I S M
Why rubbish? This is your party!

C I T Y O F S P A C E
It's not my party.

F U T U R I S M
I'm only here because of you. No one would notice if I wasn't here.

C I T Y O F S P A C E
You're so vain ... that's nonsense!

F U T U R I S M
Why is it nonsense? That's the way it is!

C I T Y O F S P A C E
I think I even overheard someone talking about you. Yeah - Futurism said this and that, and he was wearing a really nice tie.

F U T U R I S M
Yes ... Yeah, the music is actually fairly shit, if I'm honest.

C I T Y O F S P A C E
Why? It's really nice.

F U T U R I S M
Nice?

C I T Y O F S P A C E
Yeah, the music's good! Groovy, sexy.

F U T U R I S M
It's just as nice as how I appear in your book. Lovely on the fringes.

C I T Y O F S P A C E
Why? It's super to appear ...

F U T U R I S M
Yeah, to appear, to appear ...

C I T Y O F S P A C E
We're a totally exclusive, amazing ...

F U T U R I S M
I could have been my own Bauhaus book, not only on the fringes ...

I don't do well from you, and I don't feel like dancing. I'm going to sit down.

C I T Y   O F   S P A C E
You don't have to make a scene.

F U T U R I S M
What do you mean, make a scene?

C I T Y   O F   S P A C E
I don't know what's gotten into you. Sit down, calm down.

F U T U R I S M
Yeah I'll just sit down. It's amazing here. I really like it.

C I T Y   O F   S P A C E
Well, all the spirituists, spiritualists, who love taking LSD ... what's his name ... Cary Grant, he said just relax the sphincter.

F U T U R I S M
Yeah, great.

C I T Y   O F   S P A C E
Float a bit.

F U T U R I S M
Floating. It's great, the way you float. You really seem to be floating. That's great.

C I T Y   O F   S P A C E
Yes! I float.

F U T U R I S M
You're doing great. I feel like shit, but you have no clue about that, because shit's not your favorite subject. Should I lower my voice? It could disturb people, right? Yeah, crap. Did you ever have a crap? Why not talk about crap at a party? In your floating state, without doors or walls? How's having a crap? Have you ever had a crap?

C I T Y   O F   S P A C E
Will you please stop it? This is so awkward. What am I supposed to say?

F U T U R I S M
Let's not talk then. Tell me about your utopia, or about ...

C I T Y   O F   S P A C E
I don't know what this fake depression and self-pity are supposed to mean. It's super narcissistic! Nothing to be proud of.

F U T U R I S M
Why should I be proud of it? I'm the future. That's it.

C I T Y   O F   S P A C E
Yeah, I'm a future, too. Which is amazing! That's why we like each other so much!

F U T U R I S M
Sorry, but you're not the future. You're the past. The past of a future that will never exist. I'm sorry that you ...

C I T Y   O F   S P A C E
Hello? I exist! I exist as a utopia. That's worth a damn lot!

F U T U R I S M
But you are and will remain a utopia. A non-place.

C I T Y   O F   S P A C E
Well, I can't help it that Prampolini and Marinetti didn't write you. It was a lot of work to get you into that series and printed in me at all. You should be happy about that. You're so ungrateful.

F U T U R I S M
I'm so happy, thank you.

C I T Y   O F   S P A C E
Come on, it's not my fault that I'm a Bauhaus book! Kiesler asked so nicely, what was I supposed to say?

F U T U R I S M
Oh, Kiesler!

C I T Y   O F   S P A C E
And I don't have to reproach myself for ... I didn't know he would ask me, but I was glad he did. You could allow me that.

F U T U R I S M
Kiesler is a cool motherfucker. What he planned to do in America, and now we're here, great! With the company. He had a nice job offer too, but all of a sudden he was in the States, and the company that was supposed to hire him didn't exist. Hmm ... pretty shit. What are we doing there, in America?

C I T Y O F S P A C E
You shouldn't blame him for that.

F U T U R I S M
Why shouldn't I blame him? That's absolute rubbish, in his floating uncertainty. From his weird houses that he fantasized about, what did he do? Theater and sets, right?

C I T Y O F S P A C E
Yes, wonderful sets. Worlds reveal themselves from behind those sets' curtains.

F U T U R I S M
Oh, you'd love to be a stage actor. Am I right?

C I T Y O F S P A C E
I think you would love to be a stage actor, you old drama queen.

F U T U R I S M
No, I'd just like to be a book. I'd have liked to have been published.

C I T Y O F S P A C E
Well, then, make an effort and go to Heap, introduce yourself, show a bit of self-confidence. Practice your dancing.

F U T U R I S M
I don't even fit in here.

C I T Y O F S P A C E
You're so uptight!

F U T U R I S M
Yes, I'm uptight, and you're all floating! Float to that light over there, for example. Look into it and you can find your new manifesto ...

C I T Y O F S P A C E
Faturo-Baby ...

F U T U R I S M
Don't call me Faturo, and I'm not Futuro nor your baby. I'm the future, okay?

C I T Y O F S P A C E
Yeah, the future! Super.

F U T U R I S M
Cheers.

C I T Y O F S P A C E
Tear down the walls, found a new world! We want to be free of the Earth, to float, weightless, infinite, and free.

F U T U R I S M
I can't listen to this ...

C I T Y O F S P A C E
No cages, no walls, no barriers.

F U T U R I S M
Erm ... yeah.

C I T Y O F S P A C E
Body and mind. It's amazing.

F U T U R I S M
Awesome.

C I T Y O F S P A C E
Wonderful.

F U T U R I S M
It's great, yes.

C I T Y O F S P A C E
Yes.

F U T U R I S M
It's almost like in America!

C I T Y O F S P A C E
Yeah, it's good that we're finally in America.

F U T U R I S M
It's absolutely great! And what beautiful display windows Kiesler arranged there.

C I T Y O F S P A C E
What's the matter with you?

F U T U R I S M
Well, Kiesler supported you, that's great. I mean at least you have someone who supports you. I don't have anybody.

C I T Y O F S P A C E
Kiesler succeeded, after all.

F U T U R I S M
In what way did he succeed?

C I T Y O F S P A C E
Kiesler proved that it's possible.

F U T U R I S M
He proved that it's impossible. Where are his apartments? He started building cinemas. And what happened to the basements? They're full of hippies!

C I T Y O F S P A C E
Yeah, that's great!

F U T U R I S M
That's great - it's grubby. They do drugs and float! They float in the basement! They float to this weird bongo music that plays the whole time. They started some labels. Electric Lady, by this Jimi Hendrix.

C I T Y O F S P A C E
It's fantastic!

F U T U R I S M
So that was the plan? That's your utopia, or what? That's rubbish! That is absolute rubbish!

C I T Y O F S P A C E
But you also have to see that ...

F U T U R I S M
What do I have to see? What?

C I T Y O F S P A C E
Well, the reality ...

F U T U R I S M
I'll tell you a lovely story, okay? There's this architect in England, he built beautiful skyscrapers à la Bauhaus, and what do they tell him in the '80s? That the suicide rates are totally high.

C I T Y O F S P A C E
Why do you always bring up this story?

F U T U R I S M
Because it's the truth. And you know how the story ended? The architect jumped off one of these buildings and killed himself. There's your utopia.

C I T Y O F S P A C E
Great. Beautifully told, as always, little Futuro. Thanks a lot for this lovely suicidal story.

F U T U R I S M
You're welcome.

C I T Y O F S P A C E
I'll really sleep well. Nevertheless, the building he raised was a good one.

F U T U R I S M
Mm ...

C I T Y O F S P A C E
So? Have you calmed down?

F U T U R I S M
Why, I'm fine. Great party.

C I T Y O F S P A C E
Another Martini?

F U T U R I S M
Yeah, sure.

C I T Y O F S P A C E
Or a Fitzgerald? Or should I introduce you to Heap again?

F U T U R I S M
No. No need.

C I T Y O F S P A C E
There she is - hey, hi Jane! Hi!

F U T U R I S M
Ah, what a motormouth!

C I T Y O F S P A C E
Come on! Maybe we'll finally get you your book.

F U T U R I S M
Alright, let's go over.

C I T Y   O F   S P A C E
Are you really coming?

F U T U R I S M
Yeah, sure.

C I T Y   O F   S P A C E
That's incredible!

F U T U R I S M
I'm in a good mood! We can have
a dance if you like!

C I T Y   O F   S P A C E
Okay ... Hi, nice to meet you.

F U T U R I S M
Oh man ... we need a war, this
can't be real ...

01:32 min

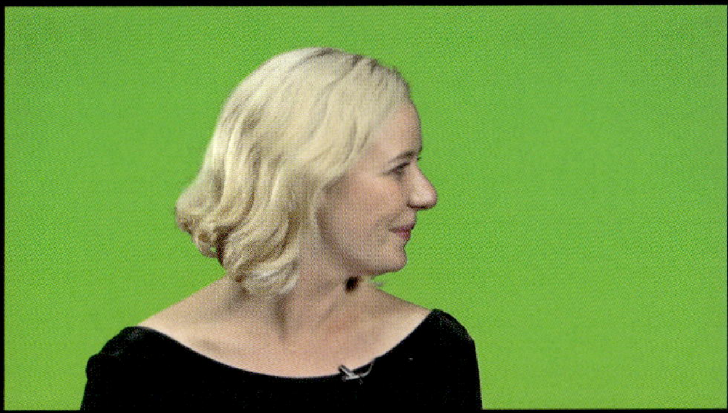

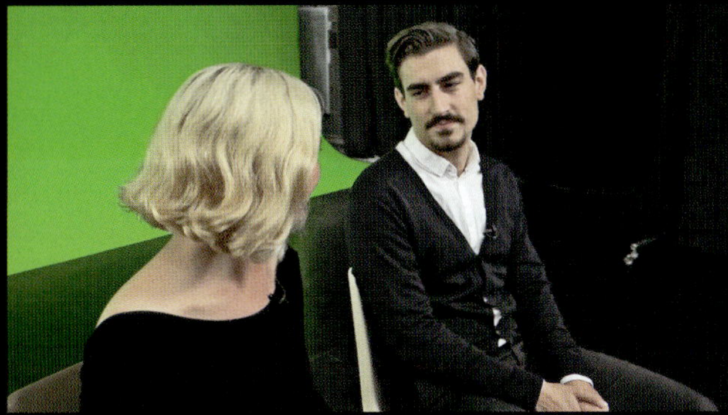

[S. 28/p. 37]

01:51 min

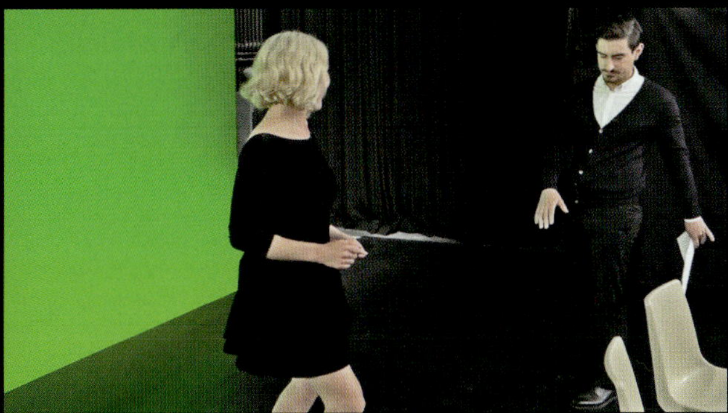

[S. 28/p. 37]

02:04 min

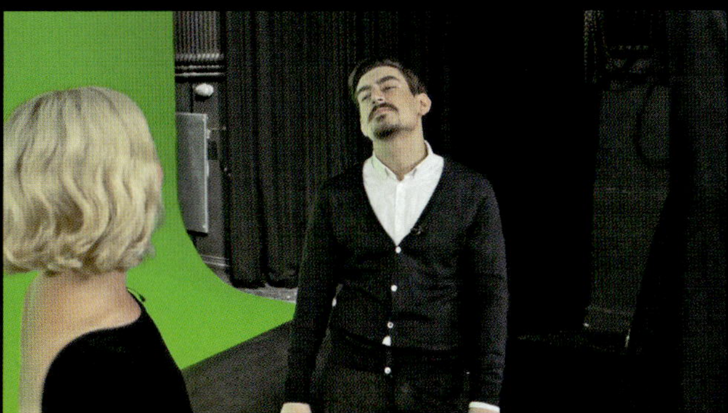

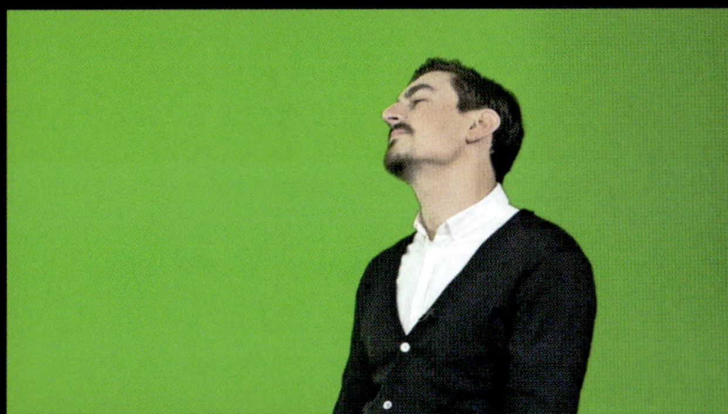

[S. 28/p. 37]

06:31 min

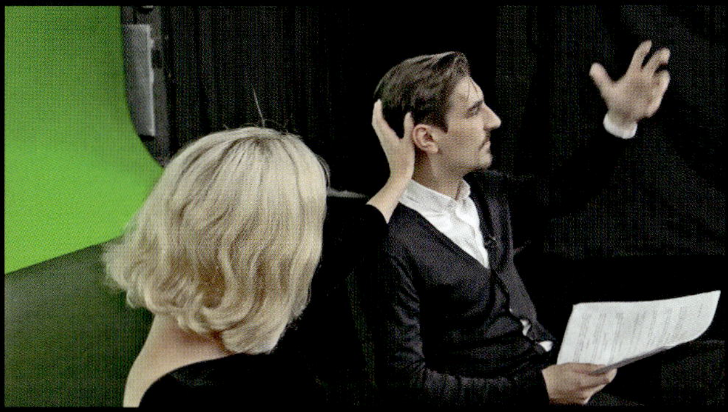

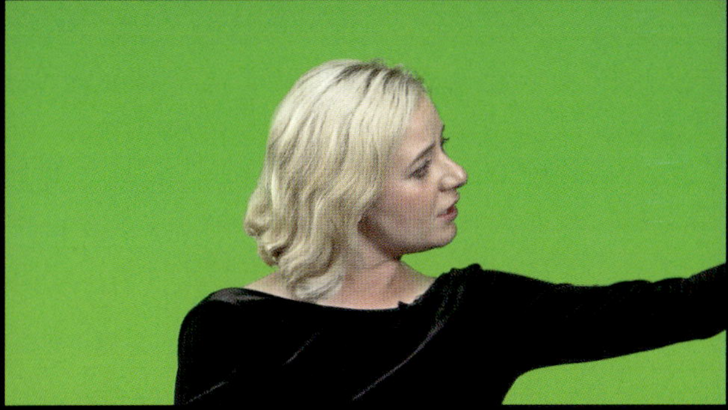

[S. 33/p. 39]

08:21 min

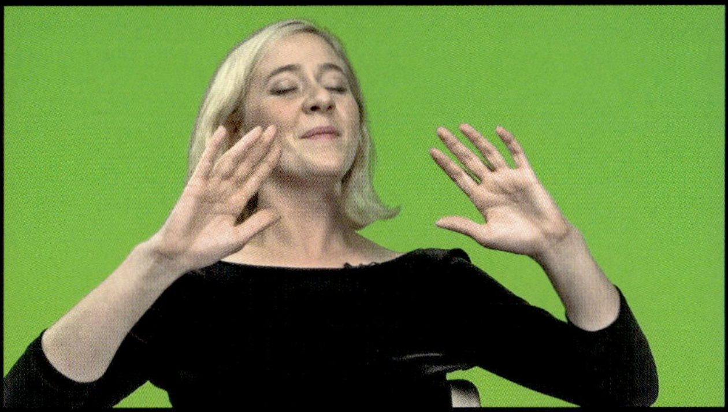

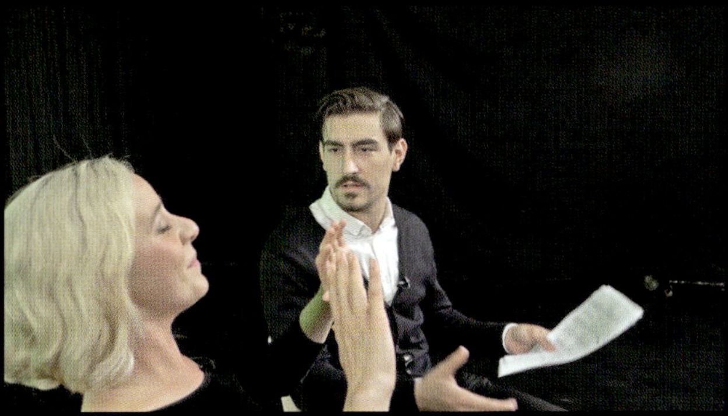

[S. 35/p. 40]

09:26 min

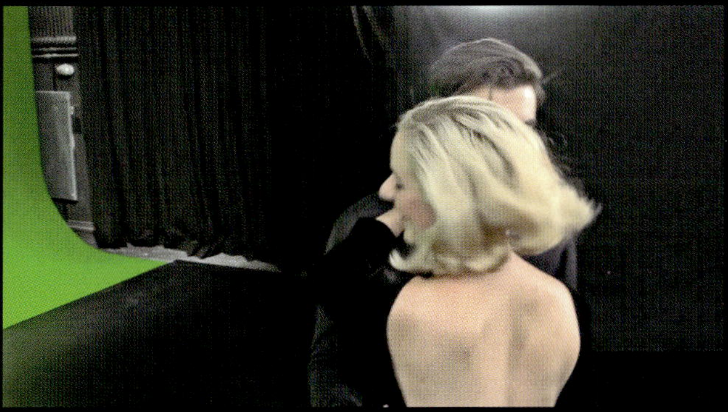

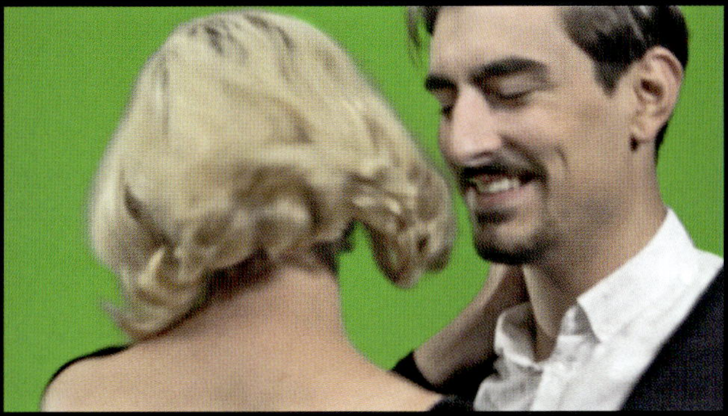

[S. 36/p. 41]

Olaf Nicolai

SILENT PARTNERS

DIE GESCHICHTEN UNGESCHRIEBENER BÜCHER

Appendix

SILENT PARTNERS

Die Geschichten ungeschriebener Bücher / The Stories of Unwritten Books

Episode 1
DER GROSS AUFTRITT / THE BIG APPEARANCE

Wassily Kandinskys „Violett. Ein Bühnenstück mit Einleitung und Szenerie" (Buch #24) trifft die „Bauhausbühne" / Wassily Kandinsky's "Violet. A Stage Play with Preface and Scenery" (Book #24) meets the "Bauhaus Stage"

Episode 2
THE RAW MATERIAL

Jane Heaps „Die Neue Welt" (Buch #54) unterhält sich mit „The Little Review" (Literaturmagazin, New York 1914-1929) / Jane Heap's "The New World" (Book #54) talks to "The Little Review" (literary magazine, New York 1914-1929)

Episode 3
FUTURO KRIEGT DIE KRISE / FUTURO HAS A CRISIS

Frederick Kieslers „Die Raumstadt" (Book #20) geht mit dem „Futurismus" aus / Frederick Kiesler's "City of Space" (Book #20) goes out with "Futurism"

Idee und Regie / Idea and Direction:
Olaf Nicolai

Regieassistenz / Assistant:
Anja Lückenkemper

Schauspieler / Actors:
Juno Meinicke,
Anton Weil

Kamera / Photography:
Volker Sattel

Steadicam / Steadicam:
Thilo Schmidt

Kameraassistent / Assistant Camera:
Sebastian Sinterhauf

Ton / Sound:
Stefan Bialkowski

Tonmischung / Sound Mixing:
Jochen Jezussek

Schnitt / Editor:
Olaf Nicolai, Till Steinmetz

Maske / Makeup:
Christiane Flossmann

Grafik / Graphics:
Pascal Storz,
Fabian Bremer

Untertitel / Subtitles:
Till Steinmetz

Produktion / Production:
Olaf Nicolai,
Vitra Design Museum

„The Bauhaus Files / Silent Partners" von Olaf Nicolai vereinigt die Filmskripte der drei ersten Episoden des als Serie konzipierten Projektes „Silent Partners". Die Produktion wurde vom Vitra Design Museum anlässlich der Ausstellung „Das Bauhaus #allesistdesign" beauftragt. Die Episoden, von denen jede als ein Film für zwei Kanäle entwickelt wurde, sind in der Ausstellungsvariante als Installation auf zwei Monitoren zu sehen.

"The Bauhaus Files / Silent Partners" by Olaf Nicolai collects the film scripts of the first three episodes of "Silent Partners," a project conceived as a series and commissioned by the Vitra Design Museum on the occasion of the exhibition "Das Bauhaus #allesistdesign." The episodes, each of which was developed as a film for two channels, are installed in the exhibition on two monitors.

„Das Bauhaus #allesistdesign"

Ausstellung / Exhibition:

- Vitra Design Museum, Weil am Rhein
  26. 09. 2015 - 28. 02. 2016
  www. design-museum. de

- Bundeskunsthalle, Bonn
  01. 04. - 14. 08. 2016
  www. bundeskunsthalle. de

In Planung / Upcoming:

- Tel Aviv Museum of Art
  www. tamuseum. org. il

- ADAM - Art & Design Atomium Museum, Brüssel
  www. adamuseum. be

Herausgeber / Editor:
Olaf Nicolai

Idee und Konzeption / Idea and Concept:
Olaf Nicolai

Text / Script:
Marian Kaiser, Olaf Nicolai, Eva Wilson

Recherche / Research:
Tanja Cunz, Frank Eckart

Übersetzung Untertitel / Translation Subtitles:
Vitra Design Museum, Ben Caton

Konzept und Gestaltung / Concept and Design:
Pascal Storz, Fabian Bremer
in Zusammenarbeit mit / in collaboration with:
Olaf Nicolai

Bildbearbeitung / Picture Editing:
Licht & Tiefe, Berlin

Lektorat / Copyediting:
DE: Jan Wenzel
EN: Ben Caton, Eva Wilson

Druck / Printing:
Osiris Druck
Pöge Druck

Bindung / Binding:
Buchbinderei Mönch

Auflage / Edition:
350

Verlag / Publisher:
Spector Books

ISBN
978-3-95905-109-5

Bildnachweis (nächste Seite) / Photo Credit (next page):
Ausstellungsansicht. Raum 4: #communicate (Mythos und Marke) / View of the exhibition. Room 4: #communicate (Mythos und Marke),
Foto / photo:
© Vitra Design Museum, Mark Niedermann

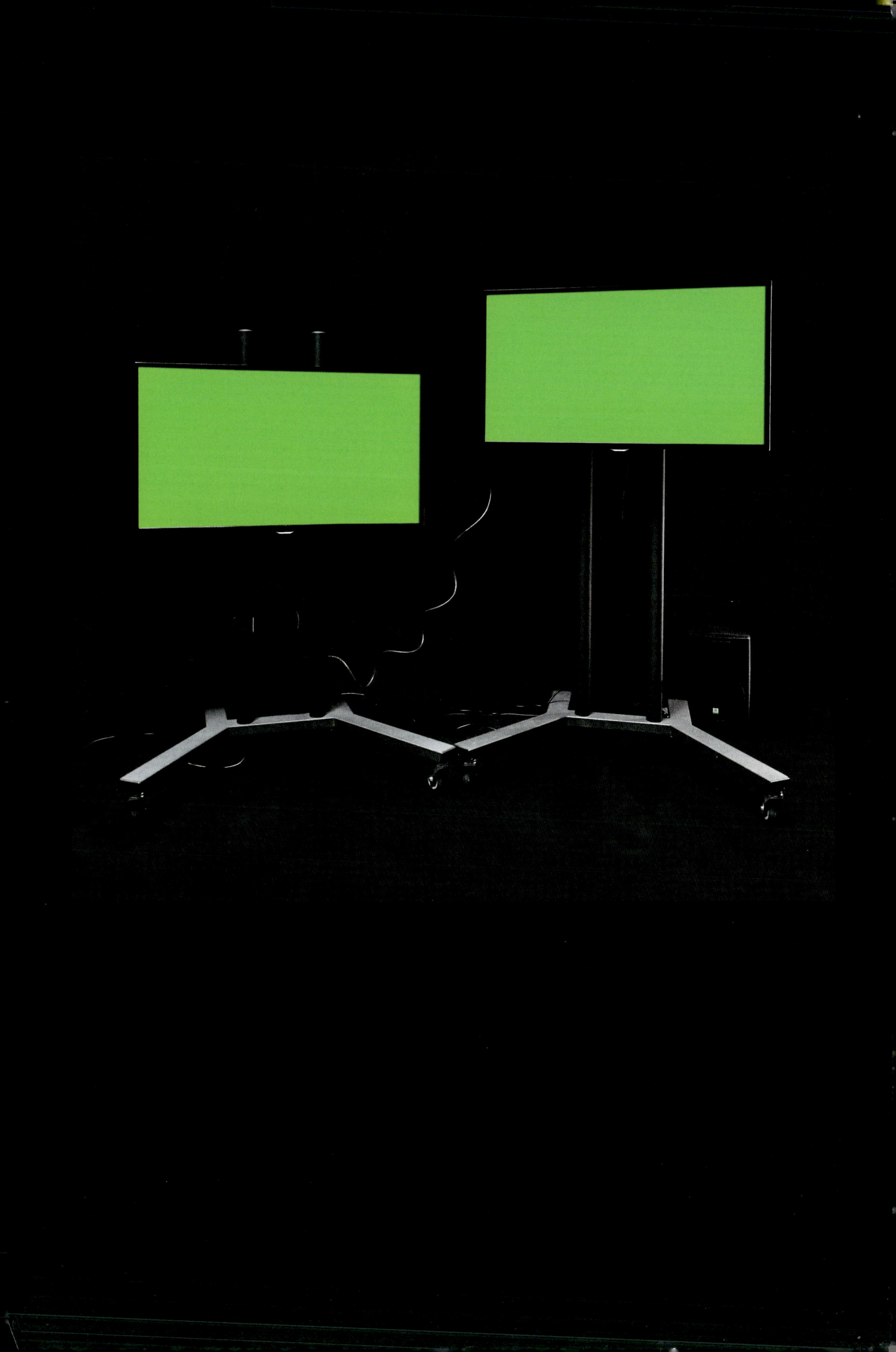